Cristina Seymandi

Antifragile si diventa

Verso una libertà autentica

CAIRO

ISBN 978-88-309-0480-4
Prima edizione: maggio 2025

Sommario

ANTIFRAGILE SI DIVENTA

A Raffaella
A mia figlia Ginevra

Introduzione

È la sera del 27 luglio del 2023, sono circa le 23.

A Torino spira un vento fresco, dopo una giornata calda, com'è naturale in luglio. Sono alla festa di compleanno organizzata a sorpresa per me.

In piedi, dietro il tavolo adibito per posizionare la torta, sto per prendere il microfono… Da qui inizia per me un vero e proprio calvario mediatico del tutto inatteso: la diffusione di un video che riguarda la mia vita privata.

Un caos improvviso sconvolge così la mia esistenza e quella di chi mi sta accanto.

Ma poi, mi chiedo, quante situazioni ho già affrontato, anche molto dolorose? Mi guardo dentro e penso che un approccio costruttivo, «antifragile», nella vita è possibile.

Talvolta sono proprio le situazioni più complesse, quelle che ci travolgono senza preavviso, a stimolarci alla ricerca del modo giusto per trasformarle in opportunità di crescita, nella consapevolezza che gli ostacoli superati, come una difficoltà in famiglia o sul lavoro, la fine di un amore o un'ondata mediatica ostile, ci permettono di acquisire maggiore libertà.

Spero possiate trarre spunti dalla mia esperienza per poter avere un approccio «antifragile» e superare, trasformare situazioni traumatiche o semplicemente cambiamenti inaspettati in piccole, grandi opportunità di vita.

Torino, 23 novembre 2004, ore 3 del mattino

Sto dormendo. Sono una ragazza di nemmeno trent'anni, che ha trascorso lunghe giornate piene di vita. Mi godo il meritato riposo, accanto al mio compagno. Apro gli occhi e le orecchie sobbalzando. È piena notte, una chiamata al telefono fisso. Squilli su squilli. Mi alzo stropicciata dal sonno.

Indovino la strada tra i mobili di casa, nel buio pesto, al freddo dei termosifoni. Il cuore mi batte.

Chi può chiamare a quest'ora? Mentre sollevo il cordless prego sia uno scherzo. Tutta la mia famiglia è in vacanza in un paese africano dove il fuso orario è molto diverso.

Per questo prego.

Per questo mi batte il cuore.

Cristina…

Mamma…

Ha preso l'altro aereo.

Chi? Cosa? Mamma, cosa è successo? Dov'è papà? Papà? Dov'è Raffaella?

Torino, 23 novembre 2024

Cara sorella che non sei diventata grande, mi manchi come a volte manca il futuro, o un pezzetto di felicità perché la felicità sia piena.

Mi manchi oggi, mi mancavi ieri e mi mancherai sempre.

Mi sei mancata il giorno in cui è nata Ginevra, nel culmine della gioia, e ho pensato con tristezza che si sarebbe persa una zia stupenda.

Mi manchi anche quando le cose non vanno.

Ultimamente ne sono andate storte parecchie. Ho provato con tutta la mia forza a raddrizzarle, e tu sei parte integrante di quella forza.

Eri tu quella brava a scrivere, e invece ora sono io a stringere la penna e a immaginare chi leggerà questo libro.

Ho pensato tanto a te, come figura ideale cui dedicarne la lettura.

Una persona ribelle.

Ribelle, in inglese, si può dire rebel*, ma si può dire anche* contrarian.

Sorrido, cara sorella mia, perché nella lingua che ci appartiene, il piemontese, c'è un'espressione che indica proprio un certo modo di vivere controcorrente, che infastidisce molti nella buona società torinese: «bastian contrario».

Letter to a Young Contrarian *è un libro di Christopher Hitchens. Mi avevi fatto conoscere tu questo importante intellettuale della nostra epoca, purtroppo scomparso prematuramente, come te... Si tratta di una lunga missiva indirizzata a quelli come lui, come noi, come te:*

le teste indipendenti, quelle che non si girano mai dall'altra parte, che ascoltano e poi scelgono perché sanno apprezzare la crisi, che non amano per il piacere di dilaniarsi e star male, ma perché nella discussione e nelle contrarietà trovano elementi di crescita preziosi come diamanti.

Come diamanti sono quegli insegnamenti che ti trovi nell'anima quando esci da una buona conversazione.

Cara sorella mia, vorrei che questo libro fosse un'unghia di quello di Hitchens, ne sarei felice e onorata. Forse la storia che contiene spingerà qualcuno a vivere senza seguire regole che non condivide e che a suo vedere non hanno senso.

Vorrei che fosse come una bella conversazione di cui ci si nutre, di quelle che fanno sparire per un attimo il paesaggio del bar in cui si svolgono, o il colore dei muri delle strade in cui accadono, o il motivo per il quale sei arrivata fin lì.

Ne facevi tante, di conversazioni così, tu...

Cara sorella amatissima, gli altri mi sono sempre piaciuti e sto bene tra la gente. Non amo però chi si autodefinisce, spesso senza stile, tramite i mezzi di comunicazione di oggi. Non mi piace chi vive in funzione di chi lo osserva vivere o in funzione dei commenti altrui.

Sono le cose autentiche che mi danno speranza.

Non fuggirò da questa vicenda, né la cancellerò: tante voci ne hanno parlato, molti ne hanno scritto e ne scrivono ancora. La ritroverai tra queste pagine.

Non si devono temere gli scherzi del destino, anzi, bisogna raccontarseli e ragionarci fino a quando non diventano una seconda pelle.

Anche se gli altri ci hanno deluso, maltrattato, malpagato, invidiato e abbandonato, c'è qualcosa che nessuno potrà mai rubarci: idee, sentimenti e cultura.

Ma il dolore, non la fortuna, migliora le persone e io lo sento vicino e lascio che cresca accanto al mio cuore, come il tuo ricordo vivido e dolcissimo.

Sono una donna di oggi, che vive in un paese fragile. Ho avuto immense fortune, gioie eccezionali e affrontato discreti ostacoli e prove dure, oltre a non pochi momenti bui. Ho imparato – forse – una sola cosa: la libertà di cui godiamo, soprattutto noi donne, non va data per scontata, in qualsiasi posizione ci si trovi, qualsiasi contesto o ruolo si finisca per assumere.

Sono sicura che tu consiglieresti a tua nipote o a qualunque ragazzo o ragazza: «Studia, lavora, scegli di essere chi vuoi e, se qualcuno proverà a farti credere che la libertà è un dono, smentiscilo con il tuo esempio».

La libertà è una dura conquista e il mondo è di chi lo sogna con giustizia e amore.

Tua, per sempre,
Cristina

I miei inizi

Il ricordo è il tessuto dell'identità.

NELSON MANDELA

Ognuno di noi crea una sorta di mappa ideale della propria vita, dove i luoghi e i fatti si dispongono nella memoria, vicini o lontani, a seconda dell'impatto ricevuto nella nostra formazione.

La prima parte della mia vita è costellata di ricordi che, sebbene distanti, sono legati tra loro da emozioni, persone, letture ed esperienze. Nella mia mappa, i punti cardinali sono la passione e un fuoco interiore che non mi ha mai abbandonata.

Sono nata il 28 luglio 1976 a Torino in una famiglia borghese: i miei genitori si erano conosciuti negli anni Settanta a Londra, una città vibrante e cosmopolita che ha senza dubbio influenzato il loro modo di pensare.

Quando mio padre aveva ventisette anni e mia madre venticinque abbiamo iniziato ad «arrivare» noi ragazze. Prima Elena, maggiore di me di un anno, e poi Raffaella, più piccola di diciassette mesi.

Ero legatissima alle mie sorelle. Io ero quella di mezzo, l'unica della famiglia con gli occhi azzurri e i capelli biondi, ereditati dai nonni… secondo le misteriose leggi di Mendel.

Nei soliti frequenti litigi tra bambine, Elena e Raffaella insinuavano che io non appartenessi a quella famiglia e mi dicevano che ero stata adottata. Forse in qualche modo lo credevo anch'io: mi piaceva pensare che fosse proprio il mio aspetto a rendermi speciale.

Quando avevo sei anni ci siamo trasferiti da Torino a Pino Torinese in un piccolo paese sulla collina, un luogo che avrebbe segnato profondamente la mia infanzia. Lì ho frequentato le scuole elementari e medie, e ho imparato il significato di far parte di una comunità di seimila anime in cui tutti si conoscono.

All'epoca le cascine erano ancora attive e io e le mie sorelle attraversavamo i campi in bicicletta per prendere la merenda prima di andare a scuola: pane e salame, un sapore che ancora oggi mi riporta indietro nel tempo e mi fa rivivere quella spensieratezza.

Di quegli anni ricordo soprattutto il calore delle persone, le festività comunitarie, i presepi viventi, il carnevale e la festa del santo patrono. Momenti di autentica condivisione, in cui si respirava un senso di collettività e si contribuiva attivamente alla vita del paese.

Poi è arrivato il momento di andare al liceo, un passaggio importante.

Avevo chiesto ai miei genitori di frequentare il liceo artistico a Torino, ma mio padre e mia madre avevano altre idee e ignorarono la mia convinzione: decisero per il classico dai preti salesiani, il Liceo Valsalice. Unica del mio paese, a quattordici anni, mi trovai catapultata in una scuola di ottocento alunni, in una città che non conoscevo, con le Timberland e i Moncler come simbolo di uno status nel quale non mi identificavo.

Cercai in ogni modo di conformarmi, ma quel mondo era troppo distante dal mio, e finii per rimanerne ai margini, sentendomi spesso inadeguata.

Gli anni del ginnasio e del liceo furono impegnativi, tuttavia utili per comprendere il valore della dedizione e della concentrazione. Giunto il momento di scegliere l'università, però, la mia passione per l'arte tornò a farsi sentire. Volevo iscrivermi a Palazzo Nuovo, la sede della Facoltà di Lettere Moderne, con indirizzo Storico Artistico Medievistico.

Anche questa volta mio padre cercò di orientarmi verso scelte più «serie», come la Giurisprudenza. Per compiacerlo frequentai per un anno, ma poi presi la mia decisione: era ora di ricentrarmi, di coincidere con me stessa.

Senza preavviso, comunicai ai miei genitori di essermi iscritta a Lettere Moderne. La reazione fu drastica: mio padre non mi parlò per sei mesi e decise di non sostenermi economicamente agli studi. Da quel momento in poi ho lavorato e studiato contemporaneamente, trovando in quella scelta una forza che non sapevo di possedere. A ventun anni lasciai la casa dei miei genitori per convivere con il mio fidanzato, iniziando un cammino difficile ma essenziale verso l'indipendenza e la crescita personale.

Ancora oggi rifletto su quanto sia stato arduo, e continui a esserlo, restare fedele a me stessa. A volte mi sembrava un traguardo irraggiungibile e mi fermavo per ricalibrare il cammino.

È per me una sfida quotidiana: non voglio adattarmi a ciò che gli altri si aspettano da me o rimanere a ogni costo nella mia *comfort zone* per paura dei cambiamenti. Preferisco rincorrere la mia individualità, la mia autenticità. Mi sembra una ricerca non solo essenziale, ma doverosa, per crescere.

Questo approccio, che mi ha sempre spinto ad andare avanti nonostante tutto e tutti, ha maturato in me la consapevolezza che non esistono problemi, ma soluzioni nella vita, rafforzandomi e rendendomi «antifragile».

In quel periodo dividevo il mio tempo tra studio, lavoro, amicizie e volontariato. Ho incontrato persone straordinarie all'università e l'ambiente di Palazzo Nuovo era molto diverso da quello borghese da cui provenivo. In quell'inizio degli anni Novanta si respirava un clima di ribellione, di opposizione agli stereotipi della buona società torinese. Tra i miei compagni di studio c'erano Nicoletta, Luca, Giulia, figli di intellettuali o appartenenti a famiglie illustri. Venivamo da mondi differenti, ma eravamo uniti dall'impegno nello studio e dal piacere di condividere momenti di svago. È stato in quel periodo che mi sono fidanzata con l'uomo che, pochi anni dopo, mi avrebbe regalato la gioia più grande della mia vita: mia figlia.

La laurea è stata un traguardo di immensa soddisfazione personale. Mi sono laureata in Lettere Moderne con indirizzo in Storia dell'Arte Medievale, con una tesi intitolata *I Lombardi chieresi. Mercanti d'arte tra Chieri e la Fiandra del '400.*

Subito dopo ho iniziato a lavorare in uno studio di

progettazione culturale per enti pubblici, occupandomi di bandi europei e progetti volti a valorizzare il patrimonio artistico e culturale di comunità montane e aree del Piemonte economicamente depresse.

Tutto sembrava procedere con tranquillità: lavoravo, da un paio d'anni proseguivo la mia convivenza con il mio futuro marito, vedevo gli amici con i quali andavo in vacanza... conducevo insomma una vita serena.

Ed è proprio nel cielo sereno che il fulmine ci sorprende di più.

Nell'autunno del 2004, i miei genitori mi proposero di accompagnarli in un viaggio organizzato con alcuni amici alla scoperta del Ciad. Raffaella stava scrivendo la tesi ed Elena non voleva affrontare un tour tanto impegnativo e di certo non confortevole. Pernottamenti in campi tendati, molti chilometri da percorrere nel cuore dell'Africa nera e attraversamento del deserto con la jeep.

Mio padre amava viaggiare. Non mi raccontava molto della sua gioventù, ma sapevo che, grazie alla sua buona conoscenza dell'inglese, aveva lavorato in un'agenzia turistica, a Londra. In casa nostra erano esposte molte fotografie risalenti agli inizi degli anni Settanta che lo ritraevano in luoghi esotici. Tra queste ne ricordo una di lui a Bali, a dorso di un elefante e con la sigaretta in bocca. Indossava i pantaloni a zampa, gli occhiali Ray-Ban e una camicia striminzita a maniche corte.

Mi ha trasmesso il suo amore per l'avventura, le sfide, il superamento dei limiti. Dopo averlo perso ho capito quanto fossimo simili. Non mi ha tramandato solo il suo dna: nel mio sangue, oltre ai suoi cromosomi, si sono impresse anche le sue paure, le sue passioni e le sue esperienze.

A fine novembre dovevo iniziare il mio impiego in uno studio legale che si occupava di diritto regionale specializzato in progettazione culturale per enti pubblici, così dovetti rinunciare alla partenza che coincideva con il mio primo giorno di lavoro.

Raffaella era a buon punto con la stesura della sua tesi in Psichiatria Infantile, così decise di fare una pausa e di partire al mio posto.

Mi avevano chiamato al loro arrivo a Ndjamena, capitale del Ciad. L'indomani avrebbero intrapreso un tour di dodici giorni nel deserto e in luoghi senza copertura di rete telefonica. Non avevamo frequenti comunicazioni, ma avevo sentito Raffaella durante il tragitto: era entusiasta. Le avevo chiesto se papà e mamma stessero bene, visto che il viaggio era tanto faticoso e lei mi aveva rassicurata.

Il 24 novembre sarebbero ripartiti per tornare in Italia. Il giorno prima dovevano raggiungere la capitale a bordo di due piccoli Piper e poi la mattina prendere il volo internazionale.

Nei giorni precedenti al loro rientro avevo fatto dei sogni inquietanti e li raccontai al mio compagno. Lui mi tranquillizzò, dicendo che avrei presto riabbracciato i miei genitori e mia sorella, che ci avrebbero allietati con moltissimi racconti.

La notte del 23 novembre il telefono squillò alle 3 di notte.

Mi svegliai di soprassalto e accesi la luce. Guardai impietrita il mio compagno prima di rispondere.

Sentii mia madre che singhiozzava e non riusciva a parlare.

«Mamma, è successo qualcosa a papà? Rispondi!»

«No, a Raffaella.»

Avevo capito già tutto e mi sentii paralizzata dallo sgomento.

Mia sorella non c'era più.

23 novembre 2004: una data scolpita per sempre nel mio cuore.

Una tempesta di sabbia, un piccolo aereo che cade alle porte di 'Ndjamena, in Ciad, ed è la fine per mia sorella. La vacanza nel cuore dell'Africa si era trasformata in una tragedia. Con Raffaella su quell'aereo c'era anche Dada Rosso, giornalista di turismo e cultura, che aveva accettato con entusiasmo l'ultimo posto libero rimasto.

Legate dal medesimo amore per i viaggi e la letteratura, in quei giorni Raffaella e Dada, che prima non si conoscevano, avevano stretto amicizia e avevano scelto di viaggiare insieme su quell'ultimo volo, mentre i miei genitori si trovavano su un aerotaxi partito qualche minuto prima.

Insieme con Raffaella e Dada, viaggiava anche Armando Mandelli, caro amico dei miei genitori: amava l'Africa, la sua antropologia e quei mondi lontani. A bordo del velivolo con i miei genitori c'era invece la figlia di Armando.

I dolorosi destini di due famiglie si erano così incrociati.

Decisi di non dire nulla quella notte a Elena, e di

aspettare la mattina seguente. Dovevo invece necessariamente avvisare il fidanzato di Raffaella, che la mattina presto si sarebbe recato in aeroporto a Caselle a prendere lei e i miei.

Ebbi l'intuizione di non chiamarlo direttamente, ma di informare i suoi genitori, in modo che fossero loro a dargli la tragica notizia e a confortarlo fin da subito.

La notte era interminabile, migliaia di pensieri mi tormentavano ed era impossibile accettare l'accaduto.

La mattina dopo, accompagnata dal mio fidanzato, mi recai a casa dei miei genitori a Pino Torinese dove viveva mia sorella.

«Elena, ti devo parlare» le dissi mentre lei mi guardava attonita, forse impressionata dal mio viso stravolto. «Raffaella ha avuto un incidente.»

Elena si fece piccola e mi chiese: «Come sta?».

Mi trovai costretta a pronunciare tre parole pesanti come macigni.

«Non c'è più.»

Mia sorella si chiuse in camera sua, nel silenzio più totale.

Nel frattempo, ero riuscita a parlare al telefono con mio padre e mia madre, cercando di rincuorarli. Ma quali parole possono aiutarci a sopravvivere a un dolore così grande? Le uniche che ricordo di aver pronunciato, nella devastazione di quel momento, furono queste: «Dovete tornare perché avete altre due figlie che hanno bisogno di voi».

Solo con il loro ritorno la realtà cominciò a farsi strada, tra il dolore e l'incredulità. Il mondo come lo conoscevo si era spezzato.

In questa terribile occasione ebbi anche modo di imparare a trarmi d'impaccio, da sola, dall'invadenza dei giornalisti. Le persone che erano mancate insieme con mia sorella godevano di una certa popolarità, quindi la stampa stazionava fuori dalla porta e ci assillava per avere notizie. Toccò a me tenere lontana quella folla dal nostro dolore, e non avrei mai immaginato che questa esperienza mi sarebbe servita più avanti. Cavarmela da sola, tenere le spalle diritte e la testa alta e imporsi scelte faticose: una prima pesante lezione.

Nei momenti familiari delle ricorrenze, come il Natale successivo o i compleanni che per noi erano feste nazionali, aleggiava nell'aria un senso di non accettazione e riunirsi sembrava amplificare l'assenza di Raffaella.

I miei genitori erano cambiati e smisero di abbracciarmi. I gesti quotidiani, quelli spontanei, divennero un promemoria costante della sua mancanza: preparare la tavola per quattro e non per cinque. Osservare il calendario fermo a novembre nella stanza di Raffaella quando eravamo già in primavera. Il trascorrere di un tempo che per lei si era fermato.

Da quel momento Raffaella è sempre con me, nei momenti più inattesi, ma è persistente anche il dolore di quella ferita aperta.

Raffaella e io eravamo molto diverse: germogli fioriti in piccioli distanti del medesimo ramo. Lei era concreta, solitaria, ferrea nei valori di attivista ispirata al Partito Radicale, appassionata di musica classica e del rock scorticato e poetico di Lou Reed, impegnata in campagne sociali. Io, al contrario, ero più dinamica, sempre in movimento, forse lieve o forse vaporosa nel mio bisogno di stare con gli altri, circondata da amici, animale sociale, amante della musica elettronica. Eppure, nonostante le nostre divergenze, entrambe siamo state rivolte verso gli altri, ognuna a suo modo pervasa da una volontà che poi avrei definito «politica», anche se questa parola appare oggi svilita e svuotata.

I ricordi riaffiorano mentre scrivo: non dimenticherò mai quanto impegno aveva messo Raffaella nell'organizzare il convegno del 2003 «Le mutilazioni genitali femminili: aspetti medici e culturali» promosso da SISM (Segretario Italiano Studenti in Medicina), di cui faceva parte, e dal CCM (Comitato di Collaborazione Medica) presso l'Ospedale Infantile Regina Margherita Ostetrico Ginecologico Sant'Anna di Torino, in cui affrontava temi delicati con una serietà e una passione che la rendevano vibrante e speciale.

Al convegno parteciparono Alì Saida Ahmed, giurista, e Kassida Khairallah, mediatrice culturale. Alla fine, l'impegno di mia sorella è stato riconosciuto postumo con una Laurea honoris causa in Medicina per interessamento del professor Giovanni Bocchiotti, al quale vanno i miei ringraziamenti.

Qualche anno dopo, dal 2010, il Lions Club Torino Principe Eugenio istituì per tre anni successivi il «Premio allo studio in memoria della dottoressa Raffaella Seymandi per laureandi in Medicina presso l'Università degli Studi di Torino».

A questo premio potevano concorrere i laureandi che avessero redatto tesi in materie riguardanti la Neuropsichiatria infantile. Sarò sempre grata al Lions per questo splendido omaggio a mia sorella.

Quando alla radio sentii il brano *Senso* di Vasco Rossi, contenuto nell'album *Buoni o cattivi*, uscito in quel periodo, ne fui profondamente colpita.

Voglio trovare un senso a questa vita / anche se questa vita un senso non ce l'ha.

Quelle parole semplici descrivevano il mio sentire. Ancora oggi, quando ascolto questa canzone, si rinfocolano i pensieri e i sentimenti di quel momento.

Il testo coglie uno dei dubbi ancestrali dell'uomo: quale valore e senso dare alla nostra esistenza?

Tutti, quando diventiamo «grandi» e iniziamo a cercare il nostro posto nel mondo, ci poniamo quella domanda. Ci rifugiamo in un lavoro, in un amore, in un viaggio... ma quell'interrogativo è sempre lì pronto a tormentarci.

Di fronte alle perdite, ai traumi o alla sofferenza, quella domanda si fa ancora più impertinente. Siamo universalmente concordi che non esistano spiegazioni alla nostra esistenza, ma, continua il singolo di Vasco: *Sai che cosa penso /che se non ha un senso / domani arriverà / domani arriverà lo stesso.*

Questa è una delle poche certezze: il mondo non smette di girare anche se singolarmente noi soffriamo. *Senti che bel vento* è una folata di incoraggiamento puro. Credo che la vita sia da concepire come un quadro da osservare a distanza per coglierne meglio la prospettiva, distinguere le forme e coglierne i significati.

Dopo la scomparsa di Raffaella, la mia percezione dell'esistenza è mutata. Ogni giorno vissuto è diventato un «giorno in più», un'opportunità che lei non ha potuto avere. Un giorno in più per vivere, per crescere, sbagliare, correggersi, imparare, amare, costruire o evitare qualcosa, o cambiare direzione.

Questa consapevolezza mi ha conferito una forza, un «fuoco blu» che ancora oggi mi accompagna in ogni scelta e in ogni sfida. Ho capito infatti che nulla ci appartiene davvero. Né le cose, né le persone, né i ruoli che rivestiamo. Bisogna averne cura, ma non restare attaccati agli oggetti e alle apparenze. Tutto scorre, e aggrapparsi a ciò che è destinato a disgregarsi è un'illusione.

Per me ora il senso della vita sta nel coltivare il presente con pienezza, accettando l'unicità di ogni momento e anche la sua precarietà.

Negli anni successivi alla scomparsa di Raffaella ho compreso intimamente che gli obiettivi che ci poniamo devono essere chiari, ma il «come» e «con chi» sono variabili che appartengono alla scoperta che si fa lungo il percorso.

Per ottenere questo ho sviluppato una certa leggerezza d'animo che mi ha permesso di adattarmi ai cambiamenti, senza perdere di vista i miei valori fondamentali. Il «fuoco blu» di cui parla lo psicoanalista James Hillman attiene per me al coraggio di sperimentare, di non temere l'incertezza e di andare avanti.

Come recita la poetessa Alda Merini: *La vita non ha senso, anzi è la vita che ci dà un senso, sempre che noi la lasciamo parlare, perché prima dei poeti parla la vita, dobbiamo ascoltarla la vita.*

E io la vita ho deciso di abbracciarla tutta fino in fondo, sempre.

Nel corso del tempo ho coltivato silenziosamente

dentro di me questa attitudine. Mai avrei immaginato che tali convinzioni sarebbero state in seguito messe alla prova in pubblico in modo così brutale.

Anche in quel frangente si sono dimostrate valori solidi come muri, capaci di reggere l'urto durante il terremoto che avrei dovuto affrontare.

Poco prima che la tragedia colpisse la mia famiglia, avevo deciso di sposarmi.

Il matrimonio fu rimandato proprio a causa dell'incidente, ma nel giugno del 2005 finalmente ero sposata; sei mesi dopo ero incinta e nel settembre del 2006 è nata Ginevra, la più radicata e intima ragione della mia vita, la luminaria felice in ogni zona desolata di buio.

Non avrei mai immaginato che un essere così piccolo potesse diventare la mia fonte di forza e determinazione. A lei ho trasmesso fin da subito la tenacia che mi ha sempre contraddistinta. Quando cadeva, se non si era fatta troppo male, lasciavo che si rialzasse da sola. Questo era il mio modo per insegnarle che, nella vita, i primi a doverci rialzare siamo noi stessi e che è proprio l'arte di risollevarsi che misura il successo autentico di una persona.

Le ho insegnato a parlare scandendo bene le parole, incoraggiandola a comunicare con tutti. La facilità di esprimersi le ha dato una sicurezza che, non ancora maggiorenne, fa già di lei una giovane donna indipendente. A volte, scherzando, mi dice: «È colpa tua se sono così *indipendentina*»! E io, anche se spiazzata dalla sua maturità, non posso che essere orgogliosa.

Di rado la sorprendo senza un libro in mano. Quando la osservo, mi domando quale donna diventerà, quale professione intraprenderà e quali sfide la vita le riserverà.

A diciott'anni, ha il mondo tra le mani e, anche se siamo ancora lontani da una vera parità di genere, so che Ginevra saprà affrontare le sue battaglie con la mite potenza che già intravedo in lei. Quando aveva circa un anno e mezzo, suo padre e io ci separammo. Mi chiedevo se ero in grado di crescere una bambina, futura donna, da sola, senza un padre che, pur presente, non condividesse con lei la quotidianità.

Mi chiedevo se una madre separata potesse essere una buona madre. Con il tempo presi coscienza che è senz'altro possibile. La qualità di essere un buon genitore non è determinata dallo stato civile, ma piuttosto dall'amore, dall'attenzione e dal supporto che si è in grado di offrire ai propri figli. Le madri separate possono affrontare sfide uniche, come la gestione del tempo tra lavoro e vita familiare o le dinamiche con l'ex partner, ma con resilienza e il supporto adeguato possono crescere figli felici e sani. È utile avere una rete di supporto composta da amici, famiglia o gruppi di sostegno per affrontare le sfide e condividere esperienze.

La prima azienda

Nei sogni cominciano le responsabilità.

DELMORE SCHWARTZ

Come ho scritto, Raffaella amava molto Lou Reed. In ricordo di lei ho fatto il possibile per imparare tutto ciò che potevo su questo gigante del rock d'autore. Libri, ascolti... concerti mai, per mia sfortuna, perché lui se n'è andato troppo presto, nel 2013.

Ho sempre portato con me una delle frasi predilette di Lou Reed, trasmessagli dal suo insegnante di poesia, il grande letterato Delmore Schwartz, il cui racconto più celebre si intitolava *Nei sogni cominciano le responsabilità*, un concetto molto amato dal fondatore dei Velvet Underground.

Ci penso anche ora, ritornando all'avventura della mia prima azienda, che è stato un impasto unico di sogni audaci e responsabilità prima inimmaginabili.

Non dimenticherò mai il periodo in cui è apparsa la prima scintilla di IGourmet – Feel Vegan, quella fase in cui, con Ginevra appena nata e mille lire nel cassetto, mi lanciavo ogni giorno in sfide che oggi, guardando indietro, non posso che definire iperboliche.

Il mio lavoro di consulente in uno studio legale che

si occupava di fondi regionali e ministeriali (i bandi transfrontalieri che oggi chiamiamo europei) mi costringeva a spostarmi molto da Torino.

Ho lavorato fino all'ultimo giorno di gravidanza, senza fermarmi. Avevo una visione precisa e non volevo aspettare, anzi: sentivo una spinta interna che mi diceva che era il momento giusto per realizzare i miei progetti.

Dopo la nascita di Ginevra, nulla cambiò in quel ritmo vorticoso. Con un equilibrio che sembrava impossibile, continuavo a gestire la mia nuova vita di madre e a portare avanti la mia carriera, grazie anche al sostegno instancabile di mia madre e di mia sorella Elena. Ricordo ancora le mattine in cui mi alzavo all'alba per andare in ufficio, lasciando Ginevra in mani amorevoli, ma sentendo sempre un filo di colpa, come se stessi dividendo il mio cuore tra due amori. Eppure, la determinazione era più forte di ogni dubbio, e così continuavo a sognare e a costruire.

Nel 2010, la mia visione prese forma concreta in un progetto che, ancora oggi, ricordo con orgoglio: un'iniziativa per valorizzare le residenze sabaude attraverso una «Box Chef», una confezione speciale che univa il turismo culturale alla gastronomia locale, coinvolgendo cinque chef stellati e oltre cento imprenditori piemontesi.

Una parte del progetto prevedeva, per la produzione delle scatole, una collaborazione con una cooperativa di ragazzi con disabilità. Era un elemento che dava un significato profondo al progetto, oltre il semplice business.

Lavorammo per mesi su questa idea, e ogni giorno

aggiungeva una nuova sfumatura alla nostra visione. L'inaugurazione sarebbe stata grandiosa: avevamo pensato a un piatto iconico creato da Giovanni Grasso, lo chef stellato del rinomato ristorante La Credenza. Il piatto che propose era un risotto avvolto nell'aroma profondo del caffè e impreziosito da scaglie di tartufo. Ancora oggi riesco a sentire quel profumo, così intenso e sofisticato, che ci aveva stregati al primo assaggio.

Ricordo di aver pensato: «Questa è più di una cena; è un'esperienza che farà parlare di noi».

L'entusiasmo non era solo mio: anche i grandi chef coinvolti erano pervasi di energia e spirito di collaborazione. Accanto a Giovanni Grasso c'erano anche Maurilio Garola, Davide Scabin e Davide Palluda. Nomi che rappresentano pietre miliari della cucina piemontese e italiana. Vederli lavorare fianco a fianco, donando talento e passione, mi faceva sentire parte di qualcosa di unico, quasi magico. La passione e la generosità di questi chef, che non solo creavano piatti, ma mettevano il cuore in ogni dettaglio, erano un costante promemoria del motivo per cui avevo iniziato tutto questo.

Un episodio in particolare è ancora vivido nella mia memoria: una riunione organizzata con il team degli chef, in una calda giornata d'inizio estate. Ci ritrovammo nello studio di mio padre, in corso Matteotti a Torino, intenti a discutere le rifiniture del progetto. Persi nella conversazione, non ci accorgemmo del tempo che scorreva, finché le segretarie, ignare della nostra presenza, chiusero le porte intrappolandoci in ufficio. Immaginate la scena: quattro chef stellati, all'ora di pranzo, senza una cucina a disposizione. Fu un momento surreale e divertente, e la nostra soluzione di emergenza fu un pranzo a base di cracker e caffè. Anche se il menu era modesto, l'atmosfera era speciale, ravvivata da risate e idee scintillanti. Quelle ore di condivisione e di semplicità, trascorsi attorno a un tavolo, furono forse tra i più preziosi di tutto il percorso.

Ma, come spesso accade, la realtà è più dura dei sogni. Nonostante l'entusiasmo, la Regione Piemonte decise di non sostenerci. Quel rifiuto mi spezzò il cuore. Dopo gli sforzi, dopo aver immaginato e costruito ogni dettaglio, il nostro progetto sembrava destinato a restare solo un'idea.

Fu allora che decisi di cambiare strada, di mettere da parte i progetti istituzionali e dedicarmi a qualcosa di completamente mio.

Così, sempre nel 2010, nacque IGourmet – Feel Vegan, quando la parola *vegan* in Italia era ancora pressoché sconosciuta.

Pur non essendo vegana, mi affascinava il concetto di un'alimentazione attenta all'ambiente e alla salute. Mi misi a studiare con passione, cercando di creare una brioche vegetale, senza burro né uova o altri ingredienti di origine animale.

Nacque così la Brioveg, la prima brioche italiana cento per cento vegetale senza olio di palma, che distribuii nei bar come le brioche tradizionali.

L'accoglienza non fu immediata, ma ci lavorai. Andavo di persona nei bar e nelle caffetterie di Torino a presentare il prodotto, cercando di spiegarne i benefici. Spesso i baristi mi raccontavano delle loro vite, dei loro sogni, e io ascoltavo con interesse per creare con loro un rapporto autentico che andasse oltre la semplice vendita. Quell'esperienza mi ha insegnato che dietro ogni successo ci sono persone, storie, passioni condivise.

Non tutti comprendevano subito l'idea e spesso dovetti affrontare scetticismo e critiche, ma ogni suggerimento era per me uno stimolo per migliorare.

In breve, la Brioveg iniziò a conquistare i clienti che, diffidenti e incuriositi, l'assaggiavano e quasi sempre si convincevano della bontà del prodotto, diventandone consumatori abituali nonostante il costo leggermente superiore.

Sapevo che per convincere la clientela, le brioche dovevano essere di altissima qualità, e per questo scelsi laboratori che avevano un nome nella pasticceria torinese: tra questi Marco Avidano. Marco, purtroppo scomparso da qualche anno, con la sua estrema competenza mi aiutò a rendere la mia Brioveg talmente buona che era arduo distinguerla da quella tradizionale.

Un episodio che mi diede la spinta per andare avanti accadde all'Expo di Milano, nel 2015.

Mentre passeggiavo tra gli stand, vidi Oscar Farinetti e Carlo Petrini. Non persi l'occasione: mi avvicinai a Farinetti e gli parlai della Brioveg. Lui ascoltò con attenzione e, con il suo ardore contagioso, mi disse: «Ne parla con troppo entusiasmo: non può che diventare un successo. Continui così!». Quelle parole furono un carburante per la mia risolutezza.

A volte, però, le soddisfazioni più grandi arrivano dagli sconosciuti: ricordo la gioia che provai quando un gruppo di giovani attivisti vegani mi contattò per ringraziarmi personalmente. Avevano scoperto le mie brioche sugli scaffali di un piccolo bar e, dopo averle assaggiate, si erano innamorati di quel sapore semplice e genuino. Decisero di cercarmi, di conoscere la persona che si celava dietro quel prodotto che per loro rappresentava un passo concreto verso il cambiamento che volevano vedere nel mondo.

Il giorno dell'appuntamento arrivai con un certo anticipo al monumento che svetta nella piazza più aulica della nostra città; ricordo l'emozione che traspariva dai loro volti mentre si presentavano. Mi dissero che la scelta di acquistare un prodotto vegano, ben visibile sugli scaffali, costituiva per loro molto più di un semplice atto di consumo: era un simbolo di speranza, un modo per dimostrare che si poteva fare qualcosa di diverso, che ognuno di noi poteva contribuire alla svolta.

«È così che si cambia il mondo» mi disse uno di loro, un ragazzo con gli occhi pieni di passione «offrendo scelte alternative, facendo sì che il vegano non sia un'eccezione, ma una possibilità concreta per tutti. La tua brioche è un esempio di questo.»

Quelle parole mi toccarono e mi resi conto che, senza saperlo, avevo creato qualcosa che andava oltre il prodotto in sé e dava voce ai sogni e ai valori di tante persone. La mia piccola brioche vegana era diventata un simbolo di cambiamento, e in quel momento compresi che, a volte, i gesti più semplici possono avere un impatto straordinario.

Quando i ragazzi se ne andarono, mi sentii piena di una gratitudine sincera: mi avevano ricordato che avevo dato vita al progetto non solo per fare impresa, ma per contribuire a un mondo più consapevole. E se anche solo una persona aveva trovato in quel piccolo prodotto una ragione per sperare e credere in un cambiamento possibile, allora ogni fatica e ogni sacrificio erano stati più che ripagati.

Negli anni successivi, IGourmet continuò a crescere. La Brioveg divenne solo l'inizio di una linea che comprendeva molto altro.

Introdussi i *cookies*, biscotti vegetali arricchiti con superfood come le bacche di goji, i semi di chia e il tè matcha. Nacque il pay off «super food, super good». Il catalogo si arricchì di succhi biologici, tavolette di cioccolato, panettoni. Un altro successo furono i Vegotti, gianduiotti vegani, e i biscotti senza glutine, cento per cento vegetali.

Nel 2011, fui la prima in Italia a pubblicizzare i prodotti vegan con la dicitura «senza olio di palma» (il che rese riconoscibili i miei prodotti) e «testato sull'uomo», dimostrando una sensibilità ambientale e sociale che all'epoca era ancora poco diffusa.

Non avendo dipendenti, ogni compito aziendale ricadeva su di me: ero io a occuparmi delle ricette, della selezione delle materie prime, dei laboratori che fossero in grado di produrre ciò che avevo ideato, della promozione, della distribuzione e della gestione dei fornitori. Ogni passo era frutto della mia capacità di adattamento. Ogni guadagno era reinvestito per migliorare i prodotti e far crescere il marchio. La comunicazione era fondamentale: studiai strategie per valorizzare i miei prodotti, ognuno dei quali aveva un packaging studiato *ad hoc*.

Gli articoli venivano testati attraverso *focus group* informali, chiamando in causa amici, parenti e clienti, che suddividevo per età in modo di ottenere una panoramica completa delle preferenze. Coinvolgevo anche i figli dei partecipanti, perché i bambini sanno essere critici sinceri e spontanei. Questi momenti, seppur impegnativi, erano sempre creativi: ognuno voleva esprimere la propria opinione e partecipare attivamente alla crescita della mia azienda. C'era una sorta di energia collettiva che ci spingeva a fare sempre meglio.

Nel 2016, IGourmet contava ben settantacinque prodotti, dieci laboratori partner con ricette esclusive e una rete distributiva che copriva tutta Italia. Era una crescita incredibile, frutto di sacrifici e di una volontà che non sapevo nemmeno di possedere. Uno dei momenti più emozionanti fu quando partecipai come ospite a Identità Golose, il prestigioso congresso di cucina d'autore nel primo anno in cui era stata introdotta la cucina vegana. Ricordo con orgoglio la vicinanza di grandi chef come Massimo Bottura e Antonino Cannavacciuolo, che incuriositi, si erano soffermati al mio stand. Qui conobbi anche Simone Salvini, chef vegano che divenne in seguito un caro amico dall'animo generoso. Mise tutta la sua esperienza a mia disposizione e collaborammo alla creazione dei prodotti del catalogo IGourmet. Non potrò mai dimenticare le mille prove insieme per i panettoni, per ricreare l'alveolatura giusta. E quante risate ci facemmo quando Crozza decise di fare la sua imitazione, rappresentandolo triste mentre tagliava «sorella zucchina e fratello pomodoro»!

A un certo punto, però, mi trovai di fronte a una

scelta: l'azienda era cresciuta, ma il lavoro era diventato totalizzante e mi stavo perdendo qualcosa.

Era il compleanno di Ginevra, la mia bambina. Aveva appena compiuto otto anni, e per lei avevamo organizzato una piccola festa in casa, con i suoi amici. La casa era colorata e decorata e avevamo ordinato di corsa, la sera prima, una bella torta.

Avevo passato la mattina in ufficio, tra riunioni interminabili e telefonate per definire gli ultimi dettagli di un progetto cruciale. Ero in ansia… e temevo di non finire in tempo per la festa. Lasciai il meeting qualche minuto prima della fine, tra sguardi misti di approvazione e sorpresa da parte dei miei colleghi. Nessuno, conoscendomi, si aspettava che scegliessi la famiglia.

Corsi a casa. Volevo dare a Ginevra la certezza di essere al primo posto nel mio cuore. Appena entrai, lei mi corse incontro e mi abbracciò forte. «Mamma, sei qui! Pensavo non ce l'avresti fatta!» Le sue parole mi toccarono, facendomi sentire in colpa per tutte le altre volte in cui non ero stata altrettanto puntuale. Le sorrisi, promettendomi di esserci per lei fino alla fine della festa. Eppure, nonostante mi gustassi ogni suo sorriso, ogni risata e ogni momento della sua gioia, sentivo la mia mente che andava altrove. Pensavo ai numeri del progetto, alle e-mail non ancora lette, al cliente che aspettava una mia risposta entro la giornata. Cercavo di scacciare quelle preoccupazioni, ma senza successo. Ginevra mi chiamava per mostrarmi un regalo o per farmi assaggiare la torta, e io mi costringevo a tornare presente, sperando che lei non si accorgesse della mia distrazione. Al momento delle candeline ci riunimmo tutti attorno a lei. Ginevra chiuse gli occhi per esprimere il suo desiderio e io la vidi improvvisamente cresciuta, molto, troppo, in fretta!

Proprio mentre lei si preparava a soffiare, il mio telefono squillò.

Il nome sul display era quello di un cliente importante, uno di quelli con cui speravo di concludere un contratto che avrebbe fatto la differenza. Sentii il cuore accelerare, mentre osservavo Ginevra soffiare sulle candeline. Mi imposi di non rispondere. Quella chiamata avrebbe potuto aspettare, pensavo, ma ero in preda ai sensi di colpa.

Ero insomma inadempiente in entrambi i fronti.

In quel preciso istante decisi di abbandonare l'idea di acquistare un laboratorio di produzione. Amavo quel lavoro, ma non era ciò che desideravo fare per sempre.

Il capitolo andava chiuso. Fu una decisione dolorosa, ma era la scelta giusta. L'acquisizione del laboratorio mi avrebbe consentito di produrre in autonomia almeno il mio prodotto di punta per non esser totalmente vincolata ai miei fornitori, ma implicava impegno economico e assunzione di altri dipendenti. Avrei dovuto essere così legata per molto tempo a quel business che in realtà non riconoscevo come la mia unica vocazione professionale. Per quanto importante, quel percorso mi aveva dato tutto ciò che poteva darmi, e ora era arrivato il momento di voltare pagina. Nonostante l'amarezza, ero serena perché sapevo che niente andava perso: l'esperienza faceva ormai parte di me e sarebbe stata la base su cui costruire nuove avventure.

Oggi, guardando indietro, sento una profonda gratitudine per ciò che IGourmet mi ha dato. Non è stata solo un'azienda, ma un pezzo della mia vita, un percorso di crescita personale e professionale. Ogni giorno trascorso a gestire quel progetto mi ha insegnato il valore della resilienza, della pazienza e dell'attenzione ai dettagli, della pianificazione intelligente tesa ad anticipare i cambiamenti del mercato, dell'ascolto; soprattutto, ha infuso in me il desiderio sincero di fare la differenza.

Nessuna impresa, per quanto piccola o grande, è mai un viaggio solitario e per questo sono grata alle persone incontrate lungo la strada. Dai grandi chef che hanno creduto nel primo progetto della Box Chef ai fornitori, dai baristi che mi hanno dato fiducia ai titolari dei laboratori che con me hanno fatto mille prove prima di mettere sul mercato ogni prodotto, a colleghi e amici che mi hanno sostenuto.

Ogni volta che mi capita di vedere un prodotto vegano sullo scaffale di un supermercato, non posso fare a meno di sorridere, pensando che, in qualche modo, anche io ho contribuito a spianare la strada per una cultura del cibo più consapevole e sostenibile.

IGourmet resterà sempre nel mio cuore come il capitolo iniziale di una storia più grande.

Al lavoro per la mia città

Il bisogno più fondamentale
degli esseri umani è quello
di comprendere ed essere compresi.
E il modo migliore per capire
le persone è ascoltarle.

RALPH G. NICHOLS

Che ci faccio, avvolta da un velo di nebbia, in una sera novembrina del 2018, sotto l'ombra di un casermone di periferia?

Con me ci sono persone che mi parlano. Si lamentano del loro quartiere difficile, deluse dalle promesse tradite dei politici, presenti solo fino alla data delle elezioni, e che ora non si degnano nemmeno più di rispondere per bocca dello staff.

Il silenzio dei politici si trasforma in rabbia per i cittadini. Io sarei qui in rappresentanza dei primi, ma dentro mi sento più vicina ai secondi. Una di loro.

Non faccio un weekend da mesi, resisto e ascolto lamentele e ostilità, condite da una buona dose di sospetto, da parte di questi sconosciuti... ma io non mi arrendo e cerco di conquistare il loro rispetto e la loro fiducia.

Parlano. Devo rispondere. Devo trovare argomentazioni per convincerli. Ho promesso di non voltarmi dall'altra parte e di non partire per il fine settimana neanche questa volta. Riflessa nei loro occhi vedo l'immagine di Raffaella e delle sue proteste non violente, degli scioperi della fame, delle raccolte firme per i referendum.

Oggi è particolarmente dura, ma non cambierei la mia vita per nessun'altra al mondo.

Dopo l'esperienza di IGourmet, avevo lavorato come consulente, spostandomi tra aziende e progetti in vari settori, ma tutto cambiò quando entrai a far parte dell'amministrazione comunale di Torino, lavorando per l'assessorato all'ambiente nel luglio del 2017 durante l'amministrazione in cui era sindaco Chiara Appendino. Non era una decisione presa a cuor leggero.

Ricordo perfettamente il giorno in cui l'assessore Alberto Unia mi convocò per un incontro. Ci sedemmo in un piccolo ufficio di Palazzo Civico, e lui mi disse: «C'è bisogno di qualcuno che sia competente e abbia voglia di lavorare: ci sono tante cose da cambiare». Decisi di accettare la sfida.

Avevo sempre collaborato con le amministrazioni pubbliche come progettista esterna, ma questa volta era diverso: l'incarico tecnico fiduciario che avevo assunto mi poneva come parte integrante del sistema decisionale. La differenza si avvertiva subito.

Una delle prime riunioni a cui partecipai fu un confronto acceso sul budget per la gestione del verde urbano. I funzionari litigavano su cifre che mi sembravano molto distanti dalle reali necessità dei cittadini. Mi resi conto dell'esigenza di colmare il divario enorme che separa le richieste dei cittadini dalla comprensione delle istituzioni attraverso un dialogo autentico.

Mi tornò in mente un episodio di qualche anno prima, quando una signora anziana mi aveva scritto una lunga e-mail lamentandosi delle condizioni del parco sotto casa sua. *Ogni volta che chiamo il Comune mi passano da un ufficio all'altro*, aveva scritto, e *alla fine nessuno mi ascolta davvero.*

Il contenuto di quella e-mail, che all'epoca avevo archiviato senza pensarci, ora risuonava dentro di me. Non bastava progettare soluzioni tecniche: serviva uno strumento che stimolasse un dialogo diretto e costruttivo, uno spazio che desse voce alle esigenze della comunità, coinvolgendo la cittadinanza nella risoluzione delle stesse.

Così, nel 2018, dopo mesi di riflessioni e confronti con colleghi e cittadini, elaborai uno strumento amministrativo: il Tavolo di Progettazione Civica, un luogo di dialogo e concertazione tra cittadini, imprese e associazioni del territorio. Non era solo un'idea teorica.

Una sera d'inverno, mentre passeggiavo nel quartiere Aurora, alcuni residenti mi illustravano come avrebbero migliorato la loro zona. Uno di loro mi disse: «Noi abbiamo tante idee, ma nessuno ci chiede mai cosa vogliamo davvero e ascolta le soluzioni che abbiamo da proporre. Eppure chi meglio di noi conosce il quartiere che abitiamo?».

Fu allora che capii che il Tavolo poteva essere la risposta. Il progetto nasceva con l'intento di rafforzare l'ascolto da parte dell'amministrazione pubblica, un'esigenza che avevo percepito chiaramente nel corso del mio lavoro. Tuttavia, le risorse economiche dedicate al Tavolo erano pari a zero, e non c'era un team operativo a supportarmi. Avevo solo una visione precisa e un'immensa determinazione. Il mio primo passo fu metodico: iniziai a raccogliere tutte le e-mail che arrivavano all'assessorato all'ambiente, suddividendole quartiere per quartiere ma, invece di rispondere via e-mail o convocare riunioni formali, decisi di recarmi direttamente sul territorio, nei luoghi dove le persone vivevano i loro problemi ogni giorno.

Una delle prime volte, mi presentai a un circolo ricreativo con una pila di fogli pieni di segnalazioni, aspettandomi una discussione pratica e costruttiva. Fui accolta invece da uno sguardo scettico e da un commento pungente: «Ah, un'altra che viene a fare promesse!». Rimasi in silenzio per qualche secondo, poi risposi: «No, sono qui solo per ascoltare. Ditemi cosa non va».

Quei primi incontri furono difficili, a volte persino scoraggianti. Le persone, esasperate da anni di richieste inascoltate, si sfogavano con rabbia e frustrazione. Ricordo un signore che, durante un incontro in un piccolo bar di quartiere, sbatté il pugno sul tavolo urlando: «Abbiamo scritto al Comune almeno venti volte! Dov'eravate?».

Non risposi subito, ma rimasi ad ascoltare e quel semplice gesto di presenza e attenzione onesta servì a creare un legame. Lentamente le persone si aprirono e le loro storie iniziarono a delineare un quadro chiaro delle problematiche da affrontare.

Ogni sera tornavo a casa con una lista di idee e richieste, ma soprattutto con la consapevolezza che il vero cambiamento non sarebbe arrivato dall'alto: doveva partire dalle loro voci. E fu proprio in quei momenti che il Tavolo di Progettazione Civica cominciò a prendere forma. Il mio lavoro sul campo diventò la spina dorsale del progetto. Non mi limitavo a raccogliere segnalazioni: volevo costruire fiducia. Tornavo spesso negli stessi luoghi, come il bar di quartiere, il circolo ricreativo, le bocciofile, le parrocchie, portando con me aggiornamenti sull'evolversi delle loro richieste. Ricordo un episodio emblematico, in un piccolo parco nel quartiere Barca. Mi ero recata lì un sabato mattina per incontrare un gruppo di residenti. La pioggia battente aveva fatto desistere molti, ma non una signora anziana che mi aspettava seduta su una panchina, con un ombrello rosso.

«Non pensavo venisse davvero» mi disse, con un sorriso sorpreso. Le sue parole mi colpirono: non solo era raro che qualcuno prestasse attenzione, ma sembrava addirittura incredibile che lo facesse con costanza.

Ogni incontro era una lezione di umanità. Ascoltare i problemi dei cittadini, alcuni dei quali potevano sembrare banali – un lampione rotto, una panchina mancante, una buca – mi aiutò a capire che, per molti, quelle erano questioni fondamentali.

«Non vogliamo miracoli, solo che qualcuno si accorga che esistiamo» mi disse un signore. Questo senso di invisibilità era ciò che il Tavolo poteva e doveva combattere.

Terminata la mia visita ripetevo sempre lo stesso messaggio: «Sono qui per rappresentare l'amministrazione comunale. Ditemi cosa non va».

Questo approccio diretto, senza fronzoli, cominciò a funzionare. I cittadini, inizialmente diffidenti, pian piano si lasciavano coinvolgere. Durante un incontro in una piazzetta di Barriera di Milano, due vicini che non si parlavano da anni scoprirono di avere la stessa lamentela: una fermata dell'autobus mal posizionata.

«Forse, se ci uniamo, ci ascolteranno» disse uno di loro. Fu un momento di connessione tangibile, il primo passo verso quella che avrei imparato a chiamare *empowerment* cittadino: la forza collettiva che nasce quando le persone si uniscono per un obiettivo comune. Raccogliere le loro istanze era solo il primo passo. Tornavo in Comune con le loro richieste e mi trovavo spesso a lottare per ottenere risposte. Non era raro che mi sentissi come una sorta di mediatore tra due mondi: quello pragmatico e urgente dei cittadini e quello lento e burocratico delle istituzioni. Una volta, dopo aver raccolto decine di segnalazioni su una questione di rifiuti in un quartiere, mi presentai nell'ufficio di un dirigente comunale con una mappa dettagliata e una lista di priorità.

«Non possiamo risolvere tutto» mi disse con tono rassegnato.

«Iniziamo da qualcosa» risposi, insistendo.

La prima piccola vittoria arrivò pochi giorni dopo, quando i lampioni di alcune vie del quartiere vennero riparati e le buche richiuse, rendendo la strada più sicura. Anche le panchine dei giardini furono ripristinate.

Tuttavia, la svolta si verificò quando cominciai a portare i rappresentanti degli uffici tecnici del Comune direttamente nei quartieri. Non era più solo un dialogo tra me e i cittadini: i funzionari erano disposti a confrontarsi di persona con chi viveva quei problemi.

Durante un incontro in un centro polifunzionale di

Mirafiori la discussione, inizialmente tesa, si trasformò in un momento di collaborazione inaspettata. Un giovane tecnico del Comune, visibilmente a disagio all'inizio, fu travolto dalle domande dei residenti. Ma invece di sottrarsi, tirò fuori una mappa del quartiere e cominciò a spiegare come, insieme, si sarebbe potuto risolvere il problema di un attraversamento pedonale pericoloso.

«Non sapevo fosse così usato dai bambini» ammise. Alla fine dell'incontro, strinse la mano a un gruppo di mamme presenti, promettendo di accelerare i tempi per la messa in sicurezza. Non solo mantenne la parola, ma tornò anche per aggiornare tutti sullo stato dei lavori.

La partecipazione diretta dei cittadini stava generando un cambiamento profondo. Non si trattava più solo di risolvere problemi, ma di costruire relazioni. Ogni nuovo incontro era un'occasione per trasformare il conflitto iniziale in dialogo, la sfiducia in collaborazione. Una volta, durante una riunione all'aperto nel quartiere Aurora, un uomo che mi aveva duramente criticato per la lentezza delle istituzioni si offrì di coordinare un gruppo di residenti per monitorare la pulizia delle strade.

«Se voi ci date gli strumenti, noi ci mettiamo il lavoro» disse. Fu un gesto che mi confermò che il Tavolo di Progettazione Civica stava andando nella direzione giusta.

Vidi i risultati non solo nei miglioramenti concreti, ma anche nei rapporti umani che si stavano instaurando. I cittadini , anche di etnie diverse, cominciarono a conoscersi tra loro, a parlarsi, a organizzarsi. In un quartiere, un gruppo di giovani si offrì spontaneamente di dipingere un murales su un muro imbrattato di graffiti vandalici. Ricevuti i permessi necessari dal Comune di Torino, trasformarono il muro in un'opera d'arte collettiva. La loro energia era contagiosa, e presto altri residenti proposero idee simili per migliorare gli spazi comuni. Il mio ruolo nell'amministrazione, stancante e spesso non riconosciuto da chi mi aveva autorizzato a espletarlo, mi gratificava: non solo mi sentivo utile, ma ero consapevole di aver contribuito a dar vita a qualcosa di duraturo. Il Tavolo di Progettazione Civica favoriva l'incontro tra l'amministrazione e la cittadinanza con la conseguenza di una maggiore partecipazione e dialogo tra le parti.

Tra i tanti quartieri in cui ho lavorato, Falchera occupa un posto speciale nella mia memoria. Questo quartiere, situato alla periferia nord di Torino, era stato progettato negli anni Cinquanta come un villaggio operaio autosufficiente, con servizi, spazi verdi e una comunità stretta. Con il tempo, però, quell'utopia si era sgretolata, trasformandosi in isolamento ed emarginazione. Per il resto della città, Falchera era il «Bronx torinese», sinonimo di problemi e abbandono.

Il mio primo incontro con Falchera avvenne una domenica mattina di aprile, al Bar Quadrifoglio.

Entrai nel locale con Alberto Unia, assessore all'ambiente, e trovai un piccolo gruppo di quindici scettici. Ricordo che una donna, incrociando le braccia, mi disse senza mezzi termini: «Ci avete lasciati soli per anni. Perché adesso dovremmo credervi?». Con calma mi sedetti al loro tavolo, tirai fuori un taccuino e dissi: «Non sono qui per chiedervi di credermi. Sono qui per ascoltare».

Rivendendoci spesso, via via si sciolse la freddezza con cui mi avevano accolta. Esordii affrontando piccole difficoltà, che per qualcuno potevano sembrare interventi ordinari, ma per i residenti rappresentavano un segnale di attenzione.

Una mattina, mentre eseguivo un sopralluogo nel quartiere, un anziano mi fermò davanti a un'aiuola finalmente ripulita e disse: «Non è molto, ma è qualcosa. Forse ci state davvero ascoltando».

Quello che più colpiva a Falchera era il distacco dei residenti dal resto della città. Espressioni come «vado in città», usate per indicare il centro di Torino, riflettevano quanto si sentissero lontani, sia fisicamente sia simbolicamente.

Una delle prime battaglie fu la rimozione di una discarica abusiva che da quindici anni occupava l'ingresso del quartiere. Chiunque entrasse a Falchera era accolto da quel panorama desolante di rifiuti sparsi lungo una strada di ottocento metri. Decisi che doveva sparire.

Il 25 marzo 2018, insieme con il Comitato Spontaneo Vivi Falchera, organizzammo una giornata di pulizia collettiva. L'evento, battezzato «Falchera Pride», coinvolse decine di residenti. Bambini, anziani, intere famiglie arrivarono armati di sacchi e rastrelli.

Fu una giornata speciale, non solo per il quartiere, ma anche per me. Vedere quella comunità unirsi per un obiettivo comune era la prova che, con un po' di fiducia, il cambiamento era possibile.

Qualche giorno dopo, l'assessorato completò l'intervento rimuovendo i rifiuti più ingombranti, e la strada finalmente ripulita divenne un emblema di rinascita. Un dirigente dell'azienda di raccolta mi disse: «Vedrai, tra poco tornerà tutto come prima». Ma non accadde. La comunità aveva preso coscienza del proprio potere. Nei mesi successivi nacquero iniziative spontanee: feste di quartiere, presepi viventi, tornei sportivi. Ogni domenica, per un anno, tornai al Bar Quadrifoglio, che grazie al suo titolare Michele Zoda e a Michele De Pace, storico abitante del quartiere, era diventato il mio ufficio, per riunirmi con i residenti, ascoltare nuove idee e consolidare quel legame.

Uno degli episodi che più mi emoziona ancora oggi è la storia del centro sportivo riconvertito dall'Associazione Nazionale dell'Amicizia (NIDA). Era un complesso sportivo abbandonato di trentottomila metri quadrati, ma, grazie al coraggio e alla dedizione dei volontari della NIDA, quel luogo rinacque.

Il loro presidente, Walter, insieme con altri, soprattutto giovani, lavorando senza sosta e a mani nude, trasformarono quel simbolo di degrado e incuria in un centro attivo per la comunità. Organizzavano eventi sportivi, attività per i ragazzi e campagne di sensibilizzazione, e i proventi erano destinati alla ricerca sulle malattie rare e al sostegno dei bambini che ne soffrivano. Visitai il centro durante una delle loro prime iniziative. I volontari erano indaffarati, coperti di polvere, ma elettrizzati.

«Non è solo un centro sportivo» mi disse Walter «è il cuore della comunità.»

Quegli «eroi civici», come li chiamavo, erano la dimostrazione che il cambiamento poteva davvero partire dal basso.

Tra i residenti del quartiere non posso non ricordare Rodolfo Grasso, appena scomparso.

Rodolfo, chiamato «il sindaco di Falchera», era un sindacalista degli anni Cinquanta, un difensore dei diritti degli operai, quando Torino era una città operaia e la Fiat esisteva. Rodolfo non gradiva la mia presenza perché uomo della vecchia sinistra e vedeva in me non un tecnico, ma una figura legata politicamente alla nuova amministrazione.

Eppure riuscì a manifestarmi tutta la sua vicinanza quando i primi risultati arrivarono e, quando la discarica sparì, mi scrisse questo messaggio: «Brava Cristina, oggi hai dato una lezione di vita a tutti noi. Un caloroso abbraccio».

I successi di Falchera contagiarono anche altri quartieri di Torino. Grazie alle pagine Facebook e Instagram dei comitati e associazioni che raccontavano quanto si stava facendo, il Comitato Vivi Falchera diventò un modello di partecipazione attiva dei cittadini in dialogo con l'amministrazione comunale. Ricevetti richieste di intervento da Mirafiori, Borgo Aurora, Barca e altri quartieri. Il Tavolo di Progettazione Civica non era più un esperimento: stava diventando uno strumento di cambiamento reale. Lo scopo era rendere i cittadini protagonisti e non spettatori passivi.

Con il tempo, anche in Borgo Aurora si creò un clima di collaborazione. Uno dei primi progetti fu la rigenerazione dei Giardini Alimonda, che da anni erano preda di spaccio e vandalismo. Coinvolgemmo i residenti in un processo partecipativo per elaborare azioni volte a presidiare i giardini in maniera costruttiva e inclusiva. Nacquero così le partite di pallavolo nei giardini Alimonda. Ricordo i sabati mattina passati con Vittoriano, detto Vitto, l'anziano presidente dell'Associazione per la Riqualificazione del Quartiere Aurora (ARQA), e Giovanni, il suo instancabile braccio destro. ARQA lavorava in modo volontario da anni nel quartiere insieme a molte associazioni di varie etnie per migliorare la situazione. Tra queste ACFIL, Associazione Culturale Filippina del Piemonte, presidente Rosalie, riuscimmo a organizzare un'*estate ragazzi*, non solo per i giovani filippini, ma anche egiziani, marocchini, cinesi, italiani: un bellissimo esempio di integrazione culturale e inclusione sociale. Grazie al Tavolo di Progettazione Civica, ARQA e le Associazioni del quartiere, trovarono una strada *efficiente ed efficace*, come diceva Vitto, per realizzare i loro progetti. Quelle partite di pallavolo erano molto più di uno sport, erano il simbolo di una rinascita. Entrammo così in contatto con molti ragazzi che appartenevano a baby gang della zona coinvolti in spaccio di droga. Lo strumento dello sport funzionò da ponte per offrire loro una via di uscita o almeno un primo approccio di dialogo.

La pallavolo divenne lo strumento di una piccola rivoluzione. Partita dopo partita, torneo dopo torneo, i Giardini Alimonda iniziarono a raccontare una nuova storia: quella di un quartiere che stava riscoprendo il senso di comunità. Successivamente grazie anche all'intervento dell'allora assessore all'urbanistica Antonino Iaria, venne costruito un vero campo da pallavolo.

Uno dei momenti più belli fu il Carnevale organizzato nei giardini, con la partecipazione di tutte le scuole del quartiere. Più di cinquecento bambini sfilarono in maschera, riempiendo di colori e risate un luogo che fino a poco tempo prima era sinonimo di abbandono. Vedere quei bambini giocare e ridere in uno spazio che avevano contribuito a realizzare fu per me una conferma.

Anche Borgo Aurora divenne un modello di cittadinanza attiva. Nel giardino riqualificato, fu ripristinato e integrato il sistema di illuminazione per consentire di giocare anche la sera e le attività culturali non erano solo risultati tangibili, ma il segno di una nuova coesione sociale. Il quartiere, con le sue complessità e le sue diversità culturali, aveva dimostrato che, lavorando insieme, si potevano superare barriere che sembravano insormontabili.

Altri importanti risultati si ottennero nel quartiere di Madonna di Campagna, nella zona nord di Torino, con il Comitato quelli della Spina, capeggiato dagli instancabili Mario Panico e Antonio Cicciarello. Successivamente venne aperta la gelateria Clara che oggi è un frequentatissimo punto di ritrovo dei residenti.

Fondamentale per tutte queste attività sono stati il supporto e la collaborazione con la Prefettura e le Forze dell'ordine, Polizia e Carabinieri, ai quali veniva di volta in volta preannunciato lo svolgimento dei progetti in essere. Non hanno mai fatto mancare la loro presenza discreta e silenziosa.

Villaretto, invece, era un caso unico. Situato alla periferia nord di Torino, questo piccolo quartiere di milleduecento abitanti non era noto per problemi di criminalità o degrado, ma per un vuoto amministrativo. Ben presto mi resi conto che Villaretto, in un certo senso, non esisteva. Le strade non avevano nomi, i collegamenti di trasporto pubblico erano scarsi, persino i servizi di emergenza faticavano a raggiungere le case e non c'erano negozi, neanche di prima necessità.

Nel dicembre 2018, dopo un incontro con un gruppo di residenti, capii che bisognava partire da zero. Aiutai la comunità a formare il Comitato Borgata Villaretto, la cui battagliera presidente Roberta Braiato è stata un vero valore aggiunto, e nell'ottobre 2019 organizzammo una rievocazione storica per dare visibilità al quartiere. Nonostante Villaretto non avesse una lunga tradizione storica, ci inventammo un evento in costume coinvolgente, a tema settecentesco, con cavalli e persino una moneta locale, i Villaretti. Fu un successo straordinario, che attirò l'attenzione non solo dei residenti, ma anche di altre comunità vicine.

Quella festa fu l'inizio di una nuova consapevolezza. Il quartiere cominciò a essere riconosciuto dalle istituzioni e, poco alla volta, arrivarono i primi interventi concreti: il miglioramento dei trasporti, la condizione degli spazi comuni, il taglio dell'erba. Villaretto, da zona dimenticata, stava trovando la propria voce. La richiesta dell'intitolazione delle vie a nomi di celebri sportivi, iniziata nel 2018, trovò finalmente soddisfazione nel 2024.

Un'altra esperienza significativa si sviluppò nel quartiere di Borgo Vittoria, una zona storica di Torino con una lunga tradizione di partecipazione civica. Già negli anni Cinquanta, i residenti avevano avviato il Tavolo di Borgo Vittoria, un modello di collaborazione tra comitati, associazioni, commercianti, parrocchia e istituzioni. Fin dall'inizio, mi trovai di fronte a una comunità con una forte identità e un desiderio di riqualificazione, ma anche con problemi cronici legati al degrado urbano, alla sicurezza e alla desertificazione commerciale.

Durante uno dei primi incontri con i rappresentanti del quartiere, organizzato in una sala della parrocchia di Nostra Signora della Salute, i partecipanti erano numerosi e l'atmosfera carica di aspettative. Dopo aver ascoltato le loro preoccupazioni, proposi un nuovo approccio: il marketing territoriale condiviso. L'idea era semplice ma ambiziosa: invitare gli abitanti a riflettere sul loro quartiere per individuare ciò che poteva renderlo unico e interessante, non solo per chi ci viveva, ma anche per i visitatori.

Gli incontri furono illuminanti, grazie anche all'appoggio di Giorgio e Barbara del Tavolo di Borgo Vittoria che incoraggiavano i più scettici. Ringrazio anche Giovanni e Ornella referenti dell'Associazione commercianti di via Chiesa della Salute per avermi dato fiducia. In uno di questi, un anziano commerciante raccontò di come, negli anni Sessanta, via Chiesa della Salute fosse una delle strade più vive di Torino, piena di negozi e mercati. Una giovane insegnante aggiunse che i suoi studenti, pur abitando lì, non conoscevano nulla della storia del quartiere. Quelle testimonianze divennero il punto di partenza per costruire un progetto che non fosse solo di riqualificazione, ma di valorizzazione. Determinante fu il ruolo del Centro di documentazione storica della Circoscrizione 5 e dei tanti volontari che vi prestavano servizio, memoria storica del quartiere, capitanati allora dal dottor Roberto Orlandini.

Tra i primi risultati del marketing territoriale ci fu la creazione di un itinerario turistico dedicato a Borgo Vittoria, che venne incluso nella Guida delle Guide di Torino del 2021. Questo percorso univa punti d'interesse culturale e storico, come il Mufant (Museo-Lab del Fantastico e della Fantascienza), il Santuario di Nostra Signora della Salute e i pub storici del jazz torinese. Lavorando con associazioni locali, commercianti e residenti, riuscimmo a trasformare il quartiere in una tappa del turismo cittadino.

Uno dei progetti più simbolici fu la realizzazione di un murales. Il parroco, don Franco Pairona, fu uno dei primi sostenitori dell'iniziativa, proponendo come supporto del murales il muro che delimitava la parrocchia su via Vibò. Coinvolgemmo gli studenti dell'Accademia Albertina di Belle Arti di Torino, guidati dal compianto Edoardo Di Mauro, direttore del Museo di Arte Urbana. Il progetto fu un lungo percorso partecipativo: ogni dettaglio fu discusso con i residenti. Il murales venne inaugurato nell'estate del 2021 con una grande festa organizzata dal Tavolo di Borgo Vittoria e dalle associazioni del quartiere.

Edoardo Di Mauro mi ha insegnato che l'arte pubblica ha la funzione di portare bellezza negli spazi urbani. Il murales, che rappresenta una sintesi del presente nella zona, ha colto questa finalità grazie alla creatività degli studenti dell'Accademia Albertina di Belle Arti di Torino. Nell'opera è nata una simbiosi tra elementi visivamente riconoscibili, come la chiesa e i banchi del mercato, ed elementi astratti. L'opera simboleggia la partecipazione civica, in quanto è possibile immergersi nel contesto dei banchi del mercato: fotografandosi davanti al murales, per effetto ottico in 3d, sembra di essere fisicamente dentro lo spazio.

Il successo del modello di marketing territoriale condiviso non si fermò a Borgo Vittoria. Fu esteso anche al quartiere Barca, una zona con una forte identità locale e una comunità molto attiva. Le riunioni domenicali con i residenti di Barca erano momenti intensi, ricchi di stimoli e di idee. Una volta, durante un incontro in una vecchia cascina, una donna mi mostrò un album di fotografie del quartiere, raccontandomi come, negli anni Ottanta, le famiglie si riunivano per organizzare feste e cene collettive. Quella memoria divenne l'ispirazione per creare eventi comunitari che rispecchiassero lo spirito di solidarietà che un tempo caratterizzava Barca.

Purtroppo, nel 2020, l'arrivo della pandemia interruppe bruscamente molte di queste iniziative. Ricordo la frustrazione dei residenti quando annunciammo che non avremmo potuto proseguire i progetti in corso. Tuttavia, non tutto si fermò. Grazie alla collaborazione con associazioni locali, alcuni eventi furono adattati al contesto pandemico.

Quando, nel luglio del 2021, terminai la mia esperienza nel Comune di Torino, mi resi conto di quanto fosse stato significativo quel percorso. Ogni quartiere, con le sue peculiarità, aveva contribuito a comporre un mosaico unico: una Torino fatta di storie intrecciate, di energie nascoste che aspettavano solo di essere liberate.

Ciò che rimane di quei progetti non è solo il risultato tangibile, come un murales o una guida turistica, ma la consapevolezza che l'eroismo civico non è fatto di gesti eclatanti. Sono i piccoli contributi quotidiani, di persone che si uniscono per migliorare il proprio quartiere e la propria città, a renderlo grande. Questa verità mi fu sempre ispirata dalla frase del giudice Giovanni Falcone: «Che le cose siano così, non vuol dire che debbano andare così. Solo che, quando si tratta di rimboccarsi le maniche e cominciare a cambiare, c'è un prezzo da pagare. Ed è allora che la stragrande maggioranza preferisce lamentarsi piuttosto che fare».

Un aspetto peculiare di tutto il percorso, che potrebbe risultare strano, è che, al di là del mio stipendio come staff del Comune, l'intera attività pluriennale non è costata neanche un euro alle casse della città.

Il senso è quello di riempire con la propria presenza e partecipazione gli spazi urbani che diversamente rimarrebbero vuoti. Esserci, insomma, e assumersi la responsabilità del luogo in cui si vive. Il vuoto di uno spazio pubblico, di una casa, della nostra vita va colmato. Spesso ho riscontrato che gli atti di vandalismo negli spazi pubblici, come i giardini, sono opera di giovani che sfogano la loro frustrazione di non sentirsi appartenenti a nulla. Si percepiscono corpi estranei in famiglia, a scuola, nella società e colmano questi buchi esistenziali, senza prospettiva futura, con gesti di rabbia verso un mondo che pare respingerli.

Finora il murale di Borgo Vittoria non è stato vandalizzato, a riprova del fatto che i giovani e meno giovani, avendolo costruito da sé, lo riconoscono e lo rispettano. La partecipazione è la chiave per costruire comunità più forti e solidali. Ogni quartiere ha una storia da raccontare, un'identità da valorizzare, e sta a noi dare a queste realtà lo spazio per emergere. Torino, con la sua complessità e la sua ricchezza di culture e tradizioni, ha dimostrato di avere tutte le risorse necessarie per reinventarsi, un quartiere alla volta.

Mi sono chiesta spesso come questi progetti potrebbero evolvere nel futuro, come potrebbero essere ripresi e ampliati. La pandemia ha reso evidente quanto sia importante riscoprire i legami di prossimità, valorizzare il commercio locale, e trovare nuovi modi per vivere gli spazi urbani. Ho testato di persona che, attraverso il dialogo e la collaborazione, è possibile costruire una città più inclusiva, più creativa e più sostenibile, in cui ogni quartiere rappresenti un centro vitale per i suoi abitanti.

Torino è una città con un grande potenziale. Le sue esigenze e le sue vocazioni non possono però prescindere da un ascolto puntuale dell'amministrazione pubblica di chi ci abita, lavora o a diverso titolo vive la città. Senza questo i progetti non sono realizzabili e comunque hanno vita breve.

Negli anni, avevo costruito una rete fitta e variegata di comitati, associazioni, parrocchie e commercianti, tutti uniti da un obiettivo comune: migliorare la vita nei quartieri. Questa rete, che includeva realtà tanto diverse quanto Legambiente Metropolitano, rappresentata da una grande donna, Carla Pairolero, l'Associazione Commercianti di Via Po, l'Associazione Culturale Filippina del Piemonte, la Pro Loco Torino, con a capo un uomo di profondi valori come Italo Iuorio, l'Associazione Cuochi Torino e Provincia 1722, la Confraternita della Misericordia di Torino, la Pro Loco, si incontrava mensilmente nel Comune di Torino. Durante queste riunioni si discutevano le difficoltà dei vari rioni e si condividevano opinioni e buone pratiche. Emerse uno spirito di collaborazione sincera perché si parlava di politica del territorio senza distinzioni partitiche, con l'unico fine di rendere la città un luogo più vivibile per tutti. Era evidente che i partecipanti fossero animati da uno spirito di civismo puro, disinteressato, che mirava a migliorare la qualità della vita collettiva.

In quel contesto, capii che questa rete si era ormai evoluta in un organismo autonomo, capace di camminare da sola, senza bisogno del mio accompagnamento istituzionale.

Così, il 2 settembre 2019, nacque ufficialmente il Coordinamento Civico Torino (CCT).

Sottoscrivemmo lo statuto che definiva il CCT come un organismo democratico, apartitico, laico, inclusivo e in dialogo con l'amministrazione pubblica.

Il Coordinamento si affermò fin da subito come un organismo inclusivo, basato sulla partecipazione cittadina. L'obiettivo era anche quello di diventare portavoce delle istanze collettive espresse dai membri, dialogando in maniera costruttiva con le istituzioni per risolvere problemi concreti.

Durante l'Assemblea costituente del CCT vennero eletti i membri dell'esecutivo: presidente, vicepresidente e segretario, con cariche rinnovabili ogni anno. Una delle prime attività del Coordinamento fu l'organizzazione di un dibattito pubblico dal titolo «PartecipAzione cittadina: spazio urbano condiviso e democratico». Da un ambito locale, la riflessione si estese a quello europeo e globale, per poi tornare su Torino e le sue periferie, evidenziando come i fenomeni locali fossero interconnessi con dinamiche più ampie.

Il CCT divenne rapidamente un punto di riferimento per le buone pratiche, e l'entusiasmo portò all'organizzazione di numerosi eventi condivisi nei vari quartieri. Uno di questi fu AddobbaTo, iniziato durante la mia esperienza in Comune nel 2017 e tuttora presente in molti quartieri di Torino.

Ogni seconda domenica di dicembre, i cittadini si ritrovano con materiali di recupero per addobbare un angolo del proprio quartiere con creatività e spirito di cooperazione.

Un'altra tradizione, che prese vita grazie al CCT con il supporto del Centro Universitario Sportivo e del suo presidente Riccardo D'Elicio, è la sfilata sul Po dei Babbi Natale, un evento natalizio in cui i canottieri, con tanto di costume, sfilano lungo il fiume Po. Questa parata, nata tre anni fa, è ormai un appuntamento fisso del Natale torinese. Coinvolgente anche il Valzer di Natale, organizzato come flash mob nel centro di Torino durante le festività del 2019. La finalità era anche quella di dare maggiore visibilità ai comitati di quartiere, portandoli a programmare una festa nel cuore della città. Grazie alla disponibilità di un palco già allestito per gli eventi natalizi della città, gentilmente concesso dagli organizzatori, i comitati del CCT, insieme con molte associazioni storiche in costumi ottocenteschi, sfilarono lungo i portici di Torino fino a raggiungere Piazza San Carlo.

E poi, il momento clou: alle 17 in punto, la domenica del 18 dicembre 2019, al suono di *Sul bel Danubio Blu* di Johann Strauss, i gruppi storici si esibirono sul palco, mentre più di mille persone, tra cui i membri dei comitati e molti cittadini, si unirono alla danza in una incantevole atmosfera natalizia. Per tre minuti e mezzo, l'intera piazza si trasformò in una scena da sogno, in cui tutti, giovani e anziani, si lasciarono trasportare dalla musica, dimenticando per un attimo dove si trovavano e godendosi quello spettacolo di pura gioia collettiva. Quando la musica si fermò l'applauso esplose liberando felicità. Quello fu un vero prodigio natalizio: le emozioni condivise creano legami indimenticabili tra le persone.

L'esperienza del Tavolo di Progettazione Civica mi ha insegnato molte cose. In primis quanto sia importante non arrendersi mai di fronte alle difficoltà. All'inizio del percorso, molte persone ritenevano che fosse impossibile cambiare il rapporto tra istituzioni e cittadini. «La gente è troppo disillusa» mi dicevano «non ci crede più.» Eppure, giorno dopo giorno, incontro dopo incontro, ho riscontrato che con il giusto approccio, pazienza e costanza, anche le barriere più alte possono essere abbattute.

Le riunioni si svolgevano sempre in un clima di apertura, dove ognuno poteva esprimere la propria opinione senza preconcetti. Non c'erano verità già scritte, ma solo la volontà di lavorare insieme, mettere a confronto esperienze e competenze diverse, nella ricerca di soluzioni appaganti per tutti. L'importante non era dire semplicemente no a ciò che non funzionava, ma piuttosto proporre alternative, trovare una via d'uscita, inventare un sì. Era essenziale mantenere viva la convinzione che le cose potessero davvero cambiare, ma attraverso una rivoluzione culturale, un risveglio di coscienza. E il modo in cui avveniva questa rivoluzione era fondamentale: non doveva essere imposta dall'alto, ma germogliare dal cuore delle persone.

Guidava le discussioni l'idea di un riscatto civile e democratico, un'assunzione di responsabilità da parte di ciascuno per la condizione dell'ambiente in cui viveva. Solo affrontando la complessità della realtà con mente aperta e matura, si poteva sperare in un vero progresso sociale. Il dialogo creava armonia tra le persone, permettendo a ciascuno di mantenere la propria individualità senza rinunciare alla relazione con l'altro. Nel confronto reciproco, non solo si scopre l'altro, ma si scopre anche se stessi: i propri desideri, le proprie paure, le proprie debolezze. È un processo che avviene in ogni comunità, nelle relazioni di coppia, all'interno della famiglia. Questo confronto autentico è ciò che permette di produrre sviluppi concreti, voluti e condivisi. I veri cambiamenti, infatti, possono nascere solo dal riconoscimento dei propri bisogni. Il continuo interrogarsi su ciò che è realmente importante porta a risposte inevitabili, a una maturazione di pensiero che trasforma la disillusione in creatività. E così, invece di arrendersi all'idea che nulla possa cambiare, si inizia a immaginare un futuro possibile, a discutere soluzioni, a progettare insieme qualcosa di nuovo. Il potere di pensare è la vera libertà che ci diamo: la libertà di tracciare il nostro domani. Il dialogo è di per sé uno strumento non violento, ma abbiamo smesso di usarlo. La creatività individuale si è atrofizzata, soprattutto nelle aree metropolitane, e questa stagnazione alimenta conflitti e tensioni. Per superare i conflitti, prima che diventino irrisolvibili, è essenziale conoscere a fondo i problemi e riflettere sulle possibili alternative. Spesso imputiamo la mancanza di cambiamento a fattori esterni, a soggetti terzi rispetto a noi, ma la realtà è che siamo noi a non volerci interrogare davvero sugli ostacoli che ci bloccano.

Ecco perché dico spesso – a me stessa e agli altri – che in fondo la lezione sovrana che ho davvero imparato è stata quella del potere della comunità.

Quando i cittadini si uniscono per un obiettivo comune, quando si sentono parte di qualcosa di più grande, il loro potenziale è incredibile. A Falchera, a Borgo Aurora e in tanti altri quartieri, ho visto persone che avevano perso la speranza riscoprire l'importanza di prendersi cura del proprio spazio, dei propri vicini, della propria città. È stato un processo lento, certo, ma i risultati sono stati profondi e duraturi. Infine, ho capito quanto sia essenziale avere una visione a lungo termine. Ogni progetto che abbiamo portato avanti con il Tavolo non era pensato solo per risolvere un problema immediato, ma per costituire una svolta strutturale: pensare oltre il presente, immaginare come una comunità potrà evolversi nel corso degli anni e mettere in atto azioni che possano sostenere quella crescita. È una visione che non è certamente facile da mantenere nel breve termine, ma richiede un impegno costante e una capacità di adattamento alle circostanze. Non si tratta solo di risolvere problemi urgenti, ma di porre le basi per una crescita sostenibile, un'evoluzione che coinvolga le persone e le renda parte attiva di ogni evoluzione.

Il Tavolo non era un luogo dove le persone si limitavano a lamentarsi; diventava invece uno spazio di creazione, un laboratorio di idee, dove ognuno poteva contribuire a migliorare il proprio quartiere.

Incontrare i cittadini, ascoltare le loro storie, mi ha dato una nuova prospettiva su come funzionano le dinamiche sociali. Ho capito l'importanza dell'empatia nel mio ruolo, la capacità di mettere da parte l'aspetto tecnico per entrare in sintonia con le preoccupazioni, i desideri e le aspirazioni delle persone.

Questo processo di costruzione collettiva non è stato privo di ostacoli. I risultati sono stati positivi ma non sempre è stato facile ottenerli. A volte le istituzioni erano lente nel rispondere, altre volte i progetti venivano bloccati da lungaggini burocratiche o da mancanza di fondi. In questi momenti, la trasparenza è fondamentale. Parlare chiaramente con i cittadini, spiegare loro le problematiche e illustrare le soluzioni da mettere in atto è il modo migliore per mantenere viva la fiducia.

Come in ogni percorso in salita, non ci sono solo successi. Il Tavolo di Progettazione Civica, con la chiusura del quinquennio della sindaca Appendino e con alcune significative distonie tra me e la giunta occorse negli ultimi tempi, era giunto al capolinea della sua vita istituzionale.

Sopravvive, però, al di là del dovere civico e del ruolo ufficiale. Lo dimostrano le diverse pagine Facebook che continuano a raccontare la vita di quei quartieri.

Anche i fallimenti hanno un loro valore. Ogni progetto che non è andato a buon fine, ogni iniziativa che non ha raggiunto gli obiettivi prefissati, è stata un'occasione per riflettere e migliorare.

Come ho scritto, l'esperienza politica con la giunta guidata da Chiara Appendino giunse al termine nel 2021. Non si è mai del tutto soddisfatti o del tutto sollevati quando le cose finiscono, che siano parabole buone o maligne. Nel complesso definisco quegli anni «buoni», e preferisco saltare il più poeticamente possibile sulle pozzanghere e gli ostacoli che hanno portato alla fine del percorso. Alcune cose, semplicemente, hanno una data di scadenza.

Nel 2021, in occasione delle elezioni per il sindaco di Torino, mi sono candidata nella lista civica Torino Bellissima guidata da Paolo Damilano, nella speranza di continuare, in caso di vittoria, il lavoro con i miei amati quartieri.

Com'è noto, non è andata bene per quella lista. Ma questa è la democrazia: si può anche perdere, continuando comunque a credere nelle proprie idee e visioni. Mi consola pensare che, in occasione delle elezioni delle circoscrizioni, molti rappresentanti dei comitati sono invece stati eletti, diventando consiglieri e dimostrando che la voglia di partecipazione era ed è tanta.

Quando ci si candida per prendere voti, bisogna investire tempo e risorse nella costruzione della propria popolarità, della propria immagine. Negli anni della progettazione civica ero stata troppo impegnata a lavorare sul campo e ad ascoltare i cittadini per dedicarmi a promuovere la mia figura personale.

A darmi la popolarità ci avrebbero pensato altre sorprese che mi attendevano dietro l'angolo. Oggi, guardandomi indietro, sono orgogliosa dei risultati raggiunti, ma sono anche consapevole che c'è ancora molto da fare. Il mio impegno non si ferma qui. Credo che il futuro delle città passi attraverso la partecipazione attiva dei cittadini, e continuerò a lavorare affinché sempre più persone possano sentirsi parte del cambiamento.

Ho imparato che la vera leadership non è solo prendere decisioni dall'alto, ma saper ascoltare, coinvolgere e dare spazio agli altri. Il Tavolo di Progettazione Civica è stato un esperimento, ma è diventato molto di più: una filosofia di vita, un modo di intendere la politica e l'amministrazione come un servizio alla comunità, dove ognuno ha un ruolo da giocare e un contributo da dare. *Che ci faccio qui?* Lo pensavo ogni tanto, ma sapevo benissimo e so tuttora cosa ci facevo. Ogni giorno che passa, porto con me la lezione di Raffaella, che mi ha insegnato il valore della vita e l'importanza di dare un senso a ogni giorno che ci è concesso. Il mio cammino e il mio impegno sono un omaggio alla sua memoria e alla forza che ha sempre avuto nel lottare per ciò in cui credeva. Le comunità che immagino, e che amo pensare esistano davvero, sono composte di cittadine e cittadini liberi e consapevoli, che non arretrano di un millimetro quando si parla dei loro diritti, anzi, vanno avanti, con fatica, contro ogni pronostico e superando tutti gli ostacoli.

Dovunque sono loro, ci sarò anch'io. E non mi domanderò più *che ci faccio qui?*, se non per il gusto di raccontare ancora una volta una storia a cui tengo moltissimo – la mia vita e quella di chi ne ha fatto parte.

Le conseguenze del disamore

Prendo quello che mi hai dato,
è stato un sacco,
e lo onorerò e lo porterò con me.
Quello che ti ho dato, l'ho dato
a tuo agio e puoi tenerlo.
Per quello che è andato male tra noi due,
Io mi assumo la mia parte di responsabilità
e ti lascio la tua. E ora ti lascio in pace.

ASCENSIÓN BELART

Nei mesi che seguirono la fine della mia esperienza politica, la mia relazione sentimentale sembrava giunta agli ultimi capitoli. Una relazione che durava da otto anni, con un mio quasi coetaneo. Ci conoscevamo dai tempi del liceo. Una storia stabile e ricca di prospettive si era trasformata in un susseguirsi di incomprensioni e distanze apparentemente insuperabili.

Tra noi si creavano spesso quei silenzi che... «fanno rumore», nel senso che suscitano imbarazzo e segnalano un cambiamento: quella che credevi fosse la tua «persona per sempre» non è più al tuo fianco come prima.

I comportamenti e le abitudini che avevamo consolidato nel tempo non ci emozionavano più come prima... erano sbiaditi.

Mi chiedevo se ciò che ancora ci univa fosse possesso, paura di rimanere soli, oppure desiderio di mantenere un ruolo.

La mia relazione in quegli otto anni era diventata per me un porto sicuro, ma aveva disatteso i propositi all'inizio condivisi dal mio compagno. Dovevo trovare il coraggio di uscirne.

Dirsi addio non è mai facile, è come un lutto: lasciare la zona di conforto di un rapporto stabile e decidere di procedere da soli a volte è angosciante. La nostra consuetudine sentimentale sta crollando, ma bisogna andare avanti senza negare i vissuti che l'hanno contraddistinta. In quel momento provavo sentimenti come tristezza, dolore, desolazione e incertezza mescolati a rabbia, risentimento, vuoto e sensi di colpa.

La mia esperienza mi ha portato a esercitare il distacco come atteggiamento vitale e a fluire con gli eventi per raggiungere la vera libertà. Ho interiorizzato il concetto che la fine di un amore pone di fronte a un bivio: a volte si percorrono dei tragitti di vita insieme, ma non è detto che sia per sempre.

Furono proprio quella profonda delusione e quel dispiacere a darmi l'impulso di reagire per affrontare la situazione in stallo da troppo tempo. Compresi che non era solo la paura di porre termine a quella relazione a crearmi un forte disagio, ma era anche la paura del cambiamento, che invece fa parte della vita. Mi guardai indietro e ripensai a quanti cambiamenti avevo fatto fronte, cambiamenti che spesso erano stati opportunità per crescere e maturare.

Tutto è transitorio, non c'è nulla di duraturo: ciò che inevitabilmente resta è solo il presente. In quei giorni mi era sempre più chiaro come nemmeno nelle relazioni più felici la stabilità sia una certezza: tutto può cambiare per infiniti motivi, anche indipendentemente dalla coppia stessa.

Per quanto sia traumatico, è bene affrontare la realtà, il presente, e attraverso un dialogo interiore domandarsi se siamo sulla strada giusta, e se così non è cambiare. Siamo limitati nel tempo e abbiamo una sola vita. Soffrire per la fine di un amore non è semplice, ma abbandonarsi al dolore, fiduciosi di superarlo nel tempo, questa per me è la miglior medicina e accelera il processo di guarigione.

«Avere un approccio costruttivo nella vita è importante» risposi alla domanda di Luca Casadei su come io affronti gli imprevisti nell'intervista che mi fece nel podcast *One More Time*. Spiegai che per me i grandi traumi e i grandi abbandoni sono ciò che ti forma e da lì «rinasci», superandoli, crescendo come individuo nel lavoro, nelle amicizie, nei rapporti sociali, affinché quel dolore non controlli più la tua vita.

Il regalo implicito nella separazione è darsi una possibilità per ricominciare. Nei casi in cui le relazioni diventano un campo di battaglia dove c'è spazio solo per controllo e manipolazione, quando ci sono abusi, maltrattamenti, declassazioni e insulti, e si viene a creare una dipendenza psicologica, è bene capire che è meglio andarsene. Questo non è facile, soprattutto per le donne, perché alla dipendenza psicologica si aggiunge anche quella economica.

La libertà della donna viene annientata: ma c'è sempre una via di uscita. In questi anni si sono sviluppate forme di sostegno per chi cerca di intraprendere strade alternative: i centri antiviolenza e il reddito di libertà sono le prime azioni a cui una donna con o senza figli può accedere.

In questi momenti diventano preziosi i legami con la famiglia, gli amici.

Gli affetti coltivati nel tempo, la famiglia e le amicizie sono una rete di connessione e sostegno nei momenti difficili.

Ringrazio Paola Gribaudo, donna di grande finezza d'animo, che nella sua immensa cultura ha saputo consigliarmi con garbo. Mi ha insegnato che, anche nelle situazioni in cui vorresti mandare tutto e tutti a quel paese, gli atteggiamenti composti e sobri corrispondono a un'eleganza di pensiero e di parola che trasformano la forma in contenuto del nostro agire.

Antonella Guerrini, amica e sorella acquisita: i nostri trent'anni e più di amicizia ci hanno permesso di conoscerci nelle trasformazioni. Le nostre lunghe chiacchierate spesso non nascono dalla necessità di scambiarsi consigli reciproci, ma sono il bisogno di uno sfogo sincero in compagnia di chi sa custodire i nostri segreti più intimi.

Francesco, quarant'anni di amicizia, il fratello che non ho mai avuto, depositario dei ricordi della mia infanzia. Alessandro, un amico che sa consigliarmi in modo diretto e a volte disapprovarmi, con quelle critiche e verità che ti fanno male ma ti illuminano. Antonello che ha qualche anno più di me, con cui ho un confronto schietto e sincero nei momenti di bisogno. Maurizio e Sergio, con loro mi sento a casa, come quando cerchi solo un porto sicuro, dove rifugiarti, senza dover dare spiegazioni.

La vita mi ha insegnato che la vera amicizia è la famiglia che ti scegli.

Nello sbiadire di questa unione, e superato a mio modo il distacco, quasi come un nuovo germoglio che si affaccia dopo l'inverno, nasceva un'amicizia profonda e sincera con un uomo che sarebbe diventato il mio compagno per molto tempo.

Nel frattempo, anche la mia vita professionale aveva un'altra volta cambiato percorso. Dopo le elezioni della nuova amministrazione del 2021, avevo deciso di prendermi una pausa dalla politica istituzionale. Il mio impegno nel pubblico, che fino a quel momento era stato caratterizzato da un coinvolgimento costante, aveva trovato una naturale conclusione. Sentivo di aver dato tutto quello che potevo e che fosse giunta l'ora di guardare verso altri orizzonti. Tuttavia, il mio civismo, unito al desiderio di fare qualcosa di concreto per la mia città, non era mai venuto meno. Attraverso il Coordinamento Civico Torino continuavo a dedicarmi con passione ad attività di volontariato lavorando su iniziative volte al miglioramento della città. Sentivo che questo approccio più informale e diretto, rispetto alla politica istituzionale, era un modo per essere di fatto più vicina alle persone.

Parallelamente, anche la mia carriera si era ampliata: oltre al mio lavoro di progettista, avevo iniziato a lavorare nel mondo immobiliare.

Assunsi poi, con coraggio viste le difficoltà che si prospettavano, il ruolo di CEO in un'azienda metalmeccanica. Mi immersi in quel progetto con tutta me stessa.

La vita scorreva tranquilla, nella quotidianità di una famiglia che si costruisce giorno per giorno, senza particolari scosse. Era un periodo di pace e di equilibrio, in cui pensavo di aver trovato finalmente serenità.

Mi sbagliavo.

Sono nata nel periodo in cui per molti cominciano le vacanze... e penso a quella Torino degli anni Settanta. A quell'epoca, il 27 luglio rappresentava l'inizio dell'estate: a breve la «città fabbrica» si sarebbe svuotata e avrebbe chiuso i battenti per un mese circa. Nei quartieri borghesi ville e appartamenti erano già vuoti, perché i loro proprietari passavano il weekend a Santa Margherita o ad Alassio.

Non so perché mi viene in mente *La donna della domenica* di Fruttero e Lucentini. Non so perché e come si concatenino i pensieri, per associazioni successive.

Penso a queste cose ignara di quanto sta per accadermi.

È la mia festa di compleanno e dovrebbe essere un momento felice. Sono in piedi, dietro al tavolo adibito per posizionare la torta. Sto per prendere il microfono mentre qualcuno intorno a me chiacchiera e i bicchieri tintinnano come succede quando si vuole fermare il parlottio dei commensali per creare l'atmosfera che introduce un discorso.

Indosso un vestito grazioso, non ho particolari disturbi né sensazioni negative, insomma, mi sento bene, nel corpo e nell'anima.

Sono abituata a parlare in pubblico, ma preparo dentro di me le parole. Vorrei ringraziare chi è venuto per festeggiarmi, salutare e augurare a tutti buone vacanze...

Mentre pronuncio le ultime frasi, ho voglia di chiudere, anche se mi piace parlare: non so perché, i miei occhi si soffermano su dettagli, come giacche leggere e abiti femminili. Molti amici sono qui per me, per la mia festa, penso, scacciando con forza la pur piacevole immagine di Mastroianni ben vestito nel film che così chiaramente dipinge quell'ambiente sociale di quarant'anni fa.

Ho sempre avuto la capacità di concentrarmi anche in mezzo agli altri, di allertare le chiusure di sicurezza tra fuori e dentro e anche ora spingo via quel millimetro di inquietudine così sottile, soffiandoci sopra come facevo da bambina sui denti di leone con le mie sorelle.

Puff, tutto scivola nell'aria.

Nulla può andare male. Sbatto le palpebre. Cerco di ricordare se nel film Mastroianni fosse il poliziotto o l'assassino.

Noto i fiori che, mossi dalla brezza, lambiscono il mio gomito.

Ho letto, non ricordo dove, che quando si sbattono le palpebre nascono idee e immagini nella mente.

Rimango a occhi aperti, mentre la mano sinistra penzola lungo l'avambraccio che tengo ad angolo retto.

Tutto accade qui e ora.

Una lama di luce e calore si diffonde su di me. Gli amici, come si usa fare in queste occasioni, filmano e fanno fotografie.

Non ricordo più che giorno sia, ma che importanza ha? I compleanni arrivano e vanno festeggiati, segnano la nostra rinascita anno dopo anno, e come cantava Vasco: *noi siamo ancora qua... eh già.*

Proprio una bella festa, di quelle che si ricordano negli anni.

Mi sveglio sudata.

È il 28 luglio mattina, afferro dal comodino il mio cellulare.

Decine di messaggi che mi chiedono: *Cri, come stai?*

Realizzo di aver fatto un bellissimo sogno sulla serata del mio compleanno.

Ma è oggi il mio compleanno: il 28 luglio, e sarà una giornata unica.

Una sola parola mi risuona nella testa: LIBERTÀ.

All'improvviso ricordo gli accadimenti della notte precedente e mi accorgo che sono a casa di mia madre, nella stanza in cui sono cresciuta.

In momenti del genere si ritorna bambini. Mi rivedo all'asilo, quando mi capitava di sentirmi sola tra altri bambini prepotenti, così tanto da farmi venir voglia di volare via, scomparire, svanire…

Una consapevolezza si fa strada dentro di me: qualcuno ha trasformato la mia vita in uno show. Guardo il tavolo davanti a me, i fiori ancora freschi, fino a poco fa simbolo di una celebrazione, ora sembrano sbiaditi, come tutto il resto.

Mi viene in mente la strada in collina, percorsa per tornare a casa. Era davvero la notte precedente, oppure una delle tante in cui d'estate rientravo dai locali ai Murazzi di Torino? Era tardi, ma alla fine di luglio per strada ci sono tante persone in maglietta e pantaloncini… Il ponte di piazza Vittorio è sempre trafficato, anche di notte. Lo percorrono visi stanchi di divertimento…

Sto forse ancora sognando?

Chi lo sa? Sono così confusa...

Non leggo i messaggi che continuano ad arrivare e non rispondo a nessuno. Alzo invece il volume della radio. C'è una canzone che dice «*I'm younger than that now*». Una vita esiste al di fuori della mia confusione.

Fuori di qui qualcuno coltiva sentimenti puri, divertimenti semplici.

Fuori di qui esistono principi da usare come barriere per resistere agli urti delle cose. Uno tra tutti, base della medicina di Ippocrate: *primo, non nuocere.*

Ecco, non devo nuocere a chi non ha colpe. Sono viva, sono qui, e ho una figlia che tornerà a giorni dall'America, una mamma e una sorella che sono in ansia per me.

Se qualcosa devo sognare è di essere in quel letto in cui, da ragazzine, io e Raffaella parlavamo, ridevamo, mescolavamo le nostre emozioni.

E allora mi alzo e vivo, senza nuocere.

Anche in quella mattina del 28 luglio, giorno del mio compleanno, mi recai in azienda. Le mie responsabilità mi imponevano di non cedere alle incertezze, e così mi immersi nel lavoro, affrontando ogni compito con la serietà di sempre.

Quella sera, mia madre e mia sorella mi proposero di uscire a cena per festeggiare il mio compleanno. Accettai, pur provando una strana sensazione di vuoto che rovinava la gioia di quell'istante. Le candeline erano pronte, ma il desiderio no. Non sapevo cosa chiedere.

Poi un blackout emotivo mi avvolse, impedendomi di formulare un pensiero chiaro.

Era come se qualcosa in me si fosse spento.

Sofferenza, delusione, lunghe telefonate.

I giorni seguenti sono stati duri. Ma anche giorni femminili, familiari, giorni brucianti e insieme rassicuranti.

Presi qualche giorno di ferie dai miei impegni lavorativi e partii con alcune amiche per una breve vacanza. Sentivo il bisogno di allontanarmi dalla routine, di trovare uno spazio per riflettere e fare chiarezza, dopo la fine della mia relazione.

E lo spavento, il delirio, la sconnessione di quella notte si sarebbero ridotti a un pallido simulacro della nuova realtà che mi riservava il futuro.

Nell'ultima giornata del mio viaggio notai qualcosa di strano. I miei profili social cominciarono a intasarsi di notifiche, richieste di amicizia e messaggi da parte di sconosciuti.

All'inizio pensai ci fosse un errore, ma i numeri seguitavano a crescere in modo esponenziale. Non capivo cosa stesse accadendo, finché, sull'aereo di ritorno, un amico mi inviò un video.

Quel video ritraeva la sera della festa del mio compleanno, durante la quale il mio ex compagno, davanti agli amici invitati, comunicava la fine della nostra relazione.

Presto mi fu tutto chiaro. Un bizzarro sito di informazione locale aveva messo online il video della festa, che immediatamente si era diffuso su tutte le piattaforme social.

Eccomi trasformata nella storia dell'estate.

Non avevo idea di chi fosse stato, né del motivo per cui quel filmato fosse ormai virale. Siti web, pagine social, canali YouTube e TikTok spalmavano il video che otteneva visualizzazioni su visualizzazioni, attirando un'attenzione per me incomprensibile. Leggevo commenti di ogni tipo sui social da parte di chi fino al giorno prima non sapeva nulla di me e commentava senza sapere nulla.

La mia vita privata, fino a quel momento protetta e riservata, stava esplodendo sui media.

Al mio rientro in Italia, l'impatto fu fortissimo. Ogni quotidiano nazionale parlava della mia storia. Le reti televisive mi nominavano, i telegiornali commentavano quel video e la mia relazione finita divenne un argomento di discussione pubblica.

Anche la stampa estera si interessò alla vicenda, e iniziai a ricevere richieste d'intervista da giornalisti di ogni testata. I conduttori televisivi mi invitavano nei loro programmi per «raccontare la mia versione dei fatti».

Non riuscivo a spiegarmi questo morboso interesse e quale fosse il motivo di un simile clamore.

Ogni domanda mi appariva surreale, ogni richiesta mi metteva a disagio.

Mi sentivo esposta, vulnerabile, come se la mia vita fosse diventata improvvisamente un libro aperto, leggibile da chiunque.

La situazione non accennava a smorzarsi, anzi, man mano cresceva d'intensità.

Ricevevo messaggi e richieste non solo dalla stampa estera, ma da persone comuni provenienti da Germania, Francia, Inghilterra, Spagna e Grecia. Il video aveva attraversato i confini, attirando l'attenzione di testate straniere come il *Times*, il *Mirror*, *El País*, che pubblicavano articoli su di me. Ben presto iniziarono ad arrivare messaggi anche da utenti americani, brasiliani, giapponesi, israeliani. Quel video era stato tradotto e sottotitolato in varie lingue e diffuso in quasi ogni parte del mondo. Gli amici e i conoscenti mi inoltravano link di giornali online di paesi lontanissimi, e ogni volta non potevo che mostrarmi incredula nel vedere la mia foto accompagnata da storie romanzate e dettagli assurdi sul mio passato e presente.

Chiunque, nel mondo, conosceva meglio di me i particolari della mia vita!

Era come se il mio vissuto fosse stato trasformato in una sorta di narrazione globale di cui stavo perdendo il controllo e la proprietà.

C'è qualcosa di più surreale?

Quella che era iniziata come una situazione confusa e destabilizzante stava degenerando in un'esperienza travolgente e indesiderata.

Ero diventata un personaggio pubblico contro la mia volontà, esposta a giudizi, a speculazioni e all'interesse, direi quasi patologico, di milioni di persone.

Sui social ero bersagliata da messaggi di ogni tipo. Alcuni esprimevano solidarietà e supporto, altri mi criticavano senza neppure conoscermi. C'era chi mi scriveva per darmi consigli sentimentali o professionali, come se mi conoscesse, come se sapesse cosa fosse giusto per me. A volte erano frasi aggressive, offensive, piene di giudizi sommari basati solo su ciò che avevano letto o visto nel video.

Era difficile non farsi coinvolgere, non lasciarsi toccare da quelle parole.

La mia quotidianità cambiò completamente. Andare al lavoro, fare la spesa, passeggiare per strada: ogni attività che fino a poco tempo prima era semplice e normale era ora accompagnata da sguardi curiosi, commenti sottovoce, e a volte persino richieste di foto.

Ero ormai una figura di intrattenimento, un volto familiare, ma allo stesso tempo estranea a chiunque volesse comprendere cosa stavo vivendo davvero. Ogni giorno ricevevo nuovi inviti a partecipare a programmi televisivi, di raccontare la mia verità. Alcuni produttori televisivi mi promettevano spazio per esprimermi liberamente, altri insistevano su possibili interviste esclusive in cui avrei potuto «chiarire ogni cosa».

Assistevo alla trasformazione della mia vita in un interesse commerciale: altri potevano guadagnare sulla mia esperienza, riducendomi a un prodotto vendibile e spettacolarizzabile.

Il clamore era difficile da ignorare, e il mio nome era ormai associato a quella vicenda in modo tanto radicato che far finta di niente non era più possibile.

Ogni tentativo di estraniarmi dal caos risultava vano, come se ovunque andassi l'ombra mediatica mi seguisse.

Alcuni amici cercavano di aiutarmi a sdrammatizzare, proponendomi di leggere insieme le notizie assurde che circolavano su di me e sul video, come se ridicolizzarla fosse un modo per allontanare da me quella realtà assurda.

Chi mi voleva bene si preoccupava per me, per il mio equilibrio. Ogni giorno, su più testate, ero protagonista con il mio privato e il tutto veniva ripreso da più canali social.

In realtà, a parte lo sconforto che un amore finito provoca, indipendentemente dalle responsabilità, io non mi facevo toccare da alcun commento, nemmeno dai più squallidi.

Perché avrei dovuto dare peso a chi mi giudicava senza conoscermi?

Chi erano queste persone? Quali frustrazioni le inducevano a emettere opinioni crudeli verso una perfetta sconosciuta e a valutare una situazione a loro estranea?

Quali vite tristi, quali pregiudizi così stringenti le spingevano a leggere notizie su di me al posto di conversare con amici e amiche o bersi un buon caffè? Eppure, perdevano tempo a scrivere, a commentare e a commentare i commenti di altri dello stesso tenore.

Quelle persone giudicavano non me, ma una donna e una vicenda di cui si erano fatti la loro peculiare idea, non avendo alcun tipo di informazione diretta a proposito della mia vita. Ogni commento era frutto dei loro pregiudizi nei miei confronti. E quindi, io cosa c'entravo e perché quelle sentenze avrebbero dovuto ferirmi?

Forse c'è molta solitudine nel mondo, concludevo tra me interrogandomi su di loro, e grazie ai social si è diffuso il desiderio di entrare nelle vite altrui, ergendosi a giudici, per moralizzare il mondo da una tastiera.

Un aspetto da sottolineare è che a volte questi «leoni» si nascondano non solo dietro la tastiera, ma anche dietro profili fake, dimostrando di essere dei «conigli».

La possibilità di restare anonimi in rete incoraggia questi individui a esprimere pensieri negativi o aggressivi, nella certezza di non subire conseguenze immediate. L'interazione attraverso uno schermo riduce l'empatia e la sensibilità verso gli altri, spingendoli a dire ciò che non direbbero *de visu*. Le piattaforme online generano il «branco o gregge»: spesso raggruppano persone con opinioni simili, rafforzando credenze estreme e creando un ambiente in cui i sentimenti negativi proliferano, come l'invidia che si sfoga attraverso l'insulto.

Combattere l'odio online richiede uno sforzo congiunto tra piattaforme digitali, educazione alla cittadinanza digitale e promozione di una cultura di rispetto e tolleranza. Il diritto all'oblio diventa fondamentale per potersi tutelare: è un principio legale che consente a chi viene attaccato non essendo un personaggio pubblico di richiedere la rimozione di informazioni personali dalle piattaforme online quando queste sono lesive della privacy.

In tutto questo rumore, un dignitoso silenzio mi parve la reazione più saggia. Perché mai avrei dovuto dare risposte a chi non conoscevo? Tanto i leoni da tastiera avevano già costruito una loro versione dei fatti, l'unica comprensibile in base alle loro personalissime esperienze di vita, e a quella si sarebbero attenuti. E in ogni caso pensai che giudizi, insulti così violenti e volgari definiscono chi li emette, piuttosto di chi li riceve.

Invece di parlare iniziai a scrivere.

Non per rispondere agli altri, non per spiegare il video o giustificare le mie scelte.

La scrittura rappresenta per me uno strumento di riflessione, un mezzo per rimettere ordine tra i miei pensieri e dare un senso a tutto. È stata la mia reazione antifragile. Dovevo sistemare il caos prodotto da questa situazione e capire da quale angolazione osservare quanto mi accadeva, riorganizzando la mia vita in rapporto ai fatti.

A poco a poco, attraverso le parole, riuscivo a rivedere le mie emozioni e questa irragionevole storia. Ogni riga scritta era un piccolo passo verso la chiarezza. Scrivendo, divenivo consapevole del cambiamento della mia vita e più serena nell'affrontarlo.

Scrivere questo libro è stato per me come intraprendere un viaggio tra i meandri più nascosti della mia mente e della mia identità, una sorta di esplorazione interiore che mi ha costretta a confrontarmi con pensieri e sentimenti che spesso restano in ombra nella quotidianità.

Conoscersi è una sfida complessa e profonda!

Infine, scelsi di rompere il silenzio in un modo autentico, senza rispondere alle provocazioni, né cercare giustificazioni. Mi rivolsi a chi poteva capire il dolore di una vita stravolta, a chi conosceva il significato di perdere la propria privacy, a chi era capace di superare il pettegolezzo.

Non era un racconto sensazionale, né un'esposizione di particolari intimi, ma una riflessione sul diritto di ogni persona a essere se stessa, a trovare pace e a costruire il proprio percorso lontano dai riflettori.

Qualche settimana dopo gli eventi mi ritrovai a rilasciare una dichiarazione che lessi in un messaggio Whatsapp poi diffuso – col mio consenso – nella trasmissione televisiva *Zona Bianca* condotta dal conduttore Giuseppe Brindisi.

Se questa pressione mediatica fosse piombata sulle spalle di una ragazza o ragazzo di vent'anni, a una giovane donna o uomo per mille motivi più fragile di me, cosa sarebbe successo? Non mi davo pace su questo argomento.

Quale sarebbe stato l'impatto sulla vittima destinataria di questa gogna moderna? Come avrebbero risposto a minacce, insulti, epiteti di ogni genere, offese, umiliazioni altre persone diverse da me? Le cronache ci raccontano di individui in difficoltà che si spingono fino a gesti di autolesionismo o, nei casi peggiori, si tolgono la vita se sottoposti a tali pressioni.

Una riflessione attenta deve essere fatta sull'uso improprio dei social. Se il video non fosse stato diffuso, tutto si sarebbe consumato in un banale chiacchiericcio cittadino: quanto accaduto sottolinea allora, una volta di più, l'impatto di questi strumenti e la necessità di una regolamentazione più seria.

La mia disavventura, per usare un eufemismo, mi ha reso ancora più consapevole dell'importanza della riservatezza, della protezione del proprio spazio e del proprio equilibrio interiore.

Ora, ripensando a quel periodo, mi sento cresciuta. Non sono più la stessa di prima. Quel terremoto mi ha fornito qualche strumento in più per distinguere ciò che conta davvero dalle apparenze, a trovare forza nelle difficoltà e a difendere la mia verità. E, soprattutto, ho capito che ogni evento, anche il più imprevedibile, può rappresentare un insegnamento, se abbiamo il coraggio di affrontarlo con onestà e autenticità.

Iniziata come una tempesta inaspettata e travolgente, la mia avventura mediatica si è trasformata in un viaggio interiore, un'occasione per rimettere a fuoco chi sono e cosa desidero. Non sono certa di aver trovato tutte le risposte, ma so di aver scoperto qualcosa in più su me stessa e sulla forza che ignoravo di possedere, e questo è il dono più prezioso che potessi ricevere.

Non è facile reagire a un'umiliazione e diffamazione pubblica sui mass media e tramite social e web.

Nessuno poi è totalmente solo, e a me come ad altri, sono collegati figli e parenti. Chi ci vive accanto necessariamente ne patisce le conseguenze.

Mia figlia era in assoluto la mia priorità: la sua tranquillità e serenità non dovevano venir meno. Per questo motivo parlammo a lungo dell'accaduto. Il legame che ci univa era ed è fortissimo: non ci siamo mai nascoste nulla. Ora è una giovane donna, ma fin dalla sua infanzia abbiamo instaurato un dialogo onesto e sincero, cercando sempre di capirci.

Non ho mai voluto che mi accontentasse, l'ho sempre incitata a essere se stessa. Questo ci ha permesso anche in quella spiacevole situazione di non giudicarci e invece aiutarci.

Quando la tua vita diventa di tutti

So di non sapere.

SOCRATE

Attraverso la testimonianza di Platone, Socrate ci consegna un atto di umiltà con il quale accetta la propria ignoranza.

Si tratta di un atteggiamento oggi molto raro: il numero dei tuttologi, grazie ai social, si è amplificato a livelli impressionanti. Presumono di sapere tutto e hanno un'opinione su qualsiasi argomento.

Chi si crede onnisciente segue uno schema prestabilito. In altre parole, non indaga, non sperimenta, non scopre, non studia, né si pone domande. Rimane fermo e rigido, attingendo esclusivamente dalla propria memoria, dalle proprie esperienze e dai propri pregiudizi. Questo è un atteggiamento molto pericoloso, che occlude il pensiero e mantiene chi lo pratica schiavo di idee limitate senza ragionamento, confronto e possibilità di evoluzione e crescita. Se ammettiamo invece la nostra inesperienza, dovremo cercare altre risposte. È l'unica via per liberarsi dal condizionamento, dalla prigione della memoria e delle proprie paure.

Nell'epoca del «mordi e fuggi», i giudizi vengono

emessi con sommaria superficialità e senza pudore. I rapporti interpersonali sono talmente complicati al giorno d'oggi che forse nemmeno chi li vive riesce a capire la complessità del proprio compagno, marito, moglie, fidanzat*, figuriamoci chi ne è estraneo.

Per molti, poi, l'infedeltà è un deterrente assoluto, mentre per altri non rappresenta un grande problema: insomma, ogni rapporto sentimentale è peculiare e ha bisogno di chiarezza prima di tutto.

Nel mio caso specifico, che, come è stato giustamente scritto, sarebbe degno di un romanzo di Fruttero&Lucentini, tutto si è risolto in un gigantesco pettegolezzo mediatico con schiere di sostenitori e detrattori dell'una o dell'altra parte in causa. Tutti impegnati in un'apparente battaglia ideologica, che doveva rimanere entro i confini di un dolore privato, una ferita da curare lontano dai riflettori.

Non sono stati i giudizi in sé, dai quali mi sono estraniata, ma l'intrusione stessa, la continua esposizione, a farmi sentire violata, non solo da chi ha condiviso la mia storia, ma da chi la discute, la interpreta, come se io fossi un argomento di pubblico dominio.

Forse è questa la lezione più amara: non solo non ci è più concesso soffrire in silenzio, siamo nella nostra totalità ridotti a tema di conversazione, sezionati, soppesati e spesso condannati.

Come ho già scritto, non avrei mai pensato che questa vicenda potesse generare tanto clamore. Non sono una figura pubblica o, meglio, non lo ero, eppure, senza che lo volessi, sono diventata il centro di un dibattito senza confini.

Ogni settimana per almeno un anno sono usciti, e continuano a uscire, articoli e editoriali o interviste di personalità prestigiose che commentano quel che mi è accaduto, ognuno con il proprio punto di vista, con le proprie riflessioni, spesso spiacevoli, a tratti taglienti. Mi stupisce, mi scuote, mi sembra di vivere in una dimensione parallela dove la mia vita, i miei sentimenti, la mia sofferenza sono divenuti materia di pubblico dominio.

Tra questi, ricordo sulle testate nazionali alcuni interventi di illustri scrittori e persone di spicco della cultura torinese di cui ho grande stima: Antonella Parigi, presidente di Torino Città per le Donne, Aldo Cazzullo, che ha dedicato decine di articoli e qualche libro a Torino, Bruno Gambarotta e Massimo Gramellini, e poi Selvaggia Lucarelli, Ritanna Armeni, Silvia Bombino, giornalista, Margherita Oggero, scrittrice.

A fare da contraltare alle invettive dei leoni da tastiera, ci sono i messaggi privati e affettuosi che da quell'estate a oggi continuo a ricevere.

Testimonianze di solidarietà, di saluto, ma anche domande su come sono riuscita a superare la bufera, o richieste di consigli.

Ogni incoraggiamento è stato per me la riprova di come il dolore, le difficoltà e le sfide possano unirci e ispirarci. Leggere queste lettere mi ha avvicinata a persone che, per vari motivi, si sono riconosciute nella mia storia o hanno trovato nel mio percorso una fonte di conforto e forza.

Le persone gentili che mi hanno scritto hanno condiviso con me frammenti di sé, esperienze di sofferenza e di coraggio che hanno arricchito a loro volta la mia capacità di comprendere.

La prima lettera è di Elda, e desidero riportarla. Leggere le sue parole è stato per me un richiamo a riflettere sulla forza nascosta in ogni individuo.

Ciao Cristina, ho cinquantasei anni e fino all'anno scorso avevo tutto: un'azienda nel settore edile e immobiliare, nel turismo, e soprattutto ambizioni e una forte personalità. Il mio modo di essere rispecchiava il tuo... forse per questo ti ammiro tanto e ti seguo. Poi, a luglio 2023, tutto cambia: una bruttissima malattia mi costringe a ventidue chemio in otto mesi, un lungo intervento e poi ancora chemio. Cambia la mia testa, cambia il mio fisico... inevitabilmente trascuro il lavoro... difficoltà che sto cercando di risolvere da sola, con tutta la forza che riesco ad avere. Ho letto la tua intervista in un momento di profondo sconforto, pronta a lottare per le donne in momenti di grande fragilità. Fallo, ti prego. Questi mesi, nonostante tutto il dolore, ho dovuto affrontare umiliazioni e fragilità. In un momento di grande sconforto ho fatto pensieri di cui mi vergogno e le tue dichiarazioni mi hanno aiutata. Sei per me un esempio.

Dopo aver letto le parole di Elda mi sono sentita grata di poter rappresentare, anche solo un poco, un sostegno per lei.

Questa lettera mi ha colpita in modo particolare, in quanto, lavorando come volontaria nel Coordinamento Civico Torino (di cui ricopro da tre anni il ruolo di presidente), mi sono spesso trovata a riflettere sul tema complesso dell'interazione tra donne, malattia e lavoro.

Le donne malate sono doppiamente fragili, e spesso mancano loro tutela e supporto. La malattia tocca diversi aspetti sociali, economici e culturali. Emerge un'evidente disparità di genere: quello che è stato definito il «doppio turno» (lavoro retribuito fuori casa combinato con le responsabilità domestiche e di cura gratuita all'interno della famiglia) peggiora in misura sensibile la salute delle donne malate. Allo stesso modo, le molestie e la violenza, comprese quelle sessuali e la discriminazione, espongono le donne a rischi che hanno un impatto sulla loro salute.

Un welfare aziendale che conceda congedi di malattia retribuiti, orari flessibili e sostegno sul luogo di lavoro può essere determinante per risolvere questi seri problemi, non ultimo dei quali è il gap salariale. Le donne sono meno retribuite e più longeve degli uomini, si ritrovano quindi a essere talvolta più vecchie e più povere di loro.

C'è ancora molto da fare, purtroppo, a livello di politiche sociali. E poi è necessario un cambiamento culturale: sappiamo che tali cambiamenti sono i più lenti, ma a partire dalle agenzie educative, dalle famiglie, dalla scuola, in ogni comunità, i media, tutti hanno ruolo fondamentale nella sensibilizzazione sul tema della violenza di genere. Questo perché, oltre alle leggi, bisogna pensare a un investimento culturale, come strategia per contrastare questo fenomeno, affinché ci si liberi da stereotipi e vi sia una reale affermazione della dignità e della parità dei diritti delle donne.

Un altro aspetto importante è quello della protezione di coloro che sono state vittime e che bisogna accompagnare in una nuova vita. Il reinserimento delle donne che hanno subito violenza nel mondo del lavoro è fondamentale, occorre farle sentire protette da tutele e da diritti.

Credo infatti che, alla base di tutto, sia necessario creare lavoro per le donne e per i giovani: un lavoro stabile, sicuro, ben contrattualizzato, che possa dare la possibilità di realizzare il proprio disegno di vita, di sentirsi liberi, perché il lavoro è garanzia di libertà.

Poi c'è Monica. Anche lei ha trovato nelle mie parole un punto di riferimento.

Sicuramente non è facile per te perché sei un personaggio visibile, e poi con la gente che vive di cattiveria e invidia è ancora più difficile. Vedrai che pian piano ritroverai la tua pace, serenità e soprattutto felicità e, cosa più importante, il RISPETTO. Io non sto passando un bel periodo perché, dopo trentadue anni di lavoro come commessa, il 30 giugno i miei titolari hanno deciso di chiudere l'attività. Così, noi tredici commesse siamo rimaste a casa... avendo cinquantaquattro anni non è facile trovare una nuova collocazione, o sei troppo esperta o troppo vecchia. Mi affido alla Madonna, che sicuramente mi aiuterà. Ogni giorno prego anche per te, che tu possa avere la forza di affrontare ogni difficoltà. Anche se non ti conosco, ho parlato di te a mio fratello, che è sacerdote, e anche lui ti segue, quindi sei anche sotto la sua protezione. Un abbraccio forte.

Ricordati che per qualcuno non sei nessuno, ma per tante persone sei speciale e meravigliosa.
TVB.

È commovente pensare che Monica, con tutto il suo fardello, trovi il tempo di pregare anche per me e di parlarmi con una vicinanza simile a quella di una sorella.

Nell'esprimermi la sua solidarietà, Monica mi segnala una preoccupazione comune a molte donne che mi hanno scritto. La necessità dell'indipendenza economica e la precarietà del lavoro femminile. Altri temi su cui le politiche di conciliazione tra vita lavorativa e vita privata sono inadeguate.

Rita ha invece trovato in me un esempio di eleganza e forza. Le sue parole sul tema della femminilità e della competizione mi hanno offerto un nuovo punto di vista sulla mia esperienza.

La seguo con molto piacere e ho scoperto una donna dolce e forte nello stesso tempo, elegante e raffinata, piena di femminilità! Un bell'esempio per noi donne, circondate da tanta volgarità e da uomini invidiosi e in competizione con l'universo femminile! Gli «auguri» che le sono stati rivolti al suo compleanno mi hanno scioccata. Chissà perché gli uomini sono attratti dal giorno del nostro compleanno! Forse vorrebbero impedirci di rinascere ogni volta... Malgrado tutto, certi «auguri» potrebbero essere un bellissimo regalo incartato male! Continuo a seguirla con ammirazione. Le auguro tanta felicità.

Rita mi ha fornito un'altra chiave di lettura su ciò che ho vissuto, facendomi sorridere e ricordandomi che, nonostante tutto, la rinascita è possibile.

Luca, invece, mi ha suggerito di scrivere un libro per aiutare chi, come me, si è trovato a fronteggiare situazioni difficili rese pubbliche.

> *A volte ci sono ripercussioni anche in ambito lavorativo. Potresti scrivere un libro... magari non sul fatto in sé, ma su come si può affrontare un avvenimento del genere. Sempre più spesso, tramite il web, vengono veicolati messaggi che dovrebbero rimanere privati, e tu sicuramente sei riuscita ad affrontare bene una situazione decisamente poco gradevole. Ti ammiro per come hai gestito la situazione.*

Le parole di Luca mi hanno fatto riflettere su quanto sia importante condividere non solo i successi, ma anche le difficoltà. Mi ha ispirato a trasformare il mio vissuto in qualcosa che possa essere utile agli altri.

Negli ultimi anni, il tema della privacy sui social media ha assunto un'importanza bruciante, che non avrei mai immaginato di toccare così da vicino. È un argomento su cui, in linea teorica, ci troviamo spesso a riflettere, tra un post e un aggiornamento di stato, ma che resta distante, una preoccupazione vaga e sfumata. Abbiamo letto di recente storie inquietanti su come gruppi di criminali tecnologici hanno esfiltrato dati sensibili di persone più o meno in vista per operare ricatti. Per la maggior parte di noi, immersi nei problemi della sopravvivenza quotidiana, tra ansie e timori per il futuro, la privacy rimane un concetto astratto, che riguarda altri. Una distanza ci separa, proteggendoci illusoriamente.

Per me, questa distanza si è dissolta nel modo più inaspettato e traumatico.

Growin up in public, cantava Lou Reed, tanto amato da mia sorella: si cresce davanti a tutti, in certe circostanze.

La propria vita che diviene spettacolo senza averlo né voluto né richiesto è un'esperienza dolorosa e spietata. Lo posso garantire.

Proprio grazie al consiglio di una persona che mi contattò su Facebook esperta in *cybersecurity*, riuscii a rimuovere parte degli articoli che riportavano miei dati sensibili.

Eppure, con mio grande sgomento, il pm incaricato di accertare il reato diffamatorio con un atto, a dicembre 2024, propose l'archiviazione delle mie denunce in quanto, secondo la Procura, «nel mondo di oggi non si può pretendere sui social toni misurati o eleganti e le mutate condizioni della società rendono più accettabile il fatto che si commentino in pubblico i fatti della vita privata delle persone, anche con toni sarcastici, ironici, aggressivi o inurbani».

Immediatamente nei giorni successivi molte delle firme più autorevoli del giornalismo italiano sono insorte.

Nel suo editoriale Massimo Gramellini ha definito «quei commenti sessisti e beceraggini rastrellate nei bassifondi dell'animo umano che al confronto una curva di ultrà sembra una sala da tè». Ha aggiunto che, coltivando la bizzarra convinzione che ciò che è vietato nel mondo reale dovrebbe esserlo anche in quello virtuale, si sarebbe aspettato una pena esemplare e che così i social sarebbero diventati terra di nessuno, una perfetta «libera fogna».

Anche Antonio Polito scrive che «la decisione del magistrato ricorda quella parte della sentenza all'ergastolo emessa contro Filippo Turetta in cui non si riconosce l'aggravante dello stalking all'imputato». Uno che mandava trecento messaggi al giorno per due anni alla sua vittima, aspettandola e minacciandola.

«Sei vittima solo se sei morta» ha commentato amaramente la sorella di Giulia, Elena. E ha ragione. Attenzione, perché un certo senso comune che giustifica i persecutori delle donne può nascere anche così.

Anche la società civile è insorta e tanti utenti, molti dei quali già mi avevano espresso solidarietà nei mesi precedenti, proprio perché turbati dai toni violenti dei commenti letti sul web nei miei confronti, mi hanno inviato messaggi dopo aver letto la notizia di richiesta di archiviazione.

Scrive Francesco:

Gentile dottoressa Seymandi, Le scrivo dalla Cina, per manifestarle la mia solidarietà in merito alla proposta di archiviazione fatta dalla Procura di Torino riguardo ai disgustosi commenti nei suoi confronti in seguito a quanto accaduto la scorsa estate. Non la conosco personalmente, ho trovato a dir poco disdicevole l'odio e gli attacchi di persone che ancora meno di me la conoscono. La vita privata è, per definizione, privata. E non mi pare in alcun modo che sia stata lei a voler mettere in piazza una vicenda che non può essere stata altro che dolorosa. Non vale quindi l'osservazione che, se uno mette i propri fatti sui social, deve poi accettare le conseguenze. Ma anche se fosse? Se anche lei lo avesse fatto, quale diritto avrebbero avuto altre persone, conoscenti o no, di esprimere giudizi su di lei? La mia educazione, sabauda e poco incline a invadere la sfera privata anche di chi mi è amico mi fa capire quanto inaccettabile sia stato il comportamento nei suoi confronti. Per quanto mi riguarda, anche scrivere questo messaggio è in qualche modo violare la sua privacy, e di questo mi scuso. Ma ci tenevo a dirle che io, come molti altri, la conosciamo per le cose buone che ha fatto nel suo lavoro e con le sue iniziative nel sociale. Un caro saluto.

Così anche Mauro:

Buongiorno Cristina, mi auguro che tutto proceda per il meglio nell'ambito professionale. Se mi permette, e non vorrei entrare troppo nella sfera extra lavorativa, desideravo esprimerle la mia solidarietà per le vicende personali. Ritengo indegne per un paese che possa considerarsi civile le situazioni, anche a livello istituzionale, che si stanno verificando nei suoi confronti. Ho avuto anche io ingerenze nella sfera pubblica / social (hacker) e so cosa vuol dire. Augurandomi che questo messaggio non la disturbi le auguro un buon weekend e le faccio i miei più sentiti complimenti sia per quanto ha finora fatto a livello professionale sia per la classe e lo stile che dimostra come donna e cittadina.

Paola:

Buongiorno Cristina, desidero esprimerti la mia più sincera solidarietà. Vivere un'esperienza così dolorosa, resa ancora più complessa dalla visibilità mediatica, richiede una forza che in pochi possiedono. Mi auguro che questa vicenda non solo ti porti giustizia, ma contribuisca a sensibilizzare l'opinione pubblica e le istituzioni sulla necessità di regole più rigorose e di un uso etico delle piattaforme digitali. Per Aspera ad Astra.

Massimiliano:

Buonasera Cristina, spero che questo messaggio la trovi bene! Mi scuso per disturbarla ma ci tenevo a esprimerle la mia solidarietà per quanto ha subito nei social e per il vergognoso atteggiamento delle istituzioni italiane che tacciono davanti a episodi incresciosi come questo. Per quanto possa contare il mio parere, ci tengo a dirle che lei è un grande esempio di business woman che dovrebbe essere portato a modello dal sistema Italia.

E infine, Moro mi ha scritto una lettera filosofica, carica di pensieri sul cambiamento e sul coraggio di essere se stessi. Le sue parole mi hanno invitata a guardare alla mia esperienza come un percorso di crescita:

Alla fine, dobbiamo sempre fare i conti con noi stessi. Agiamo, cambiamo. Lo dobbiamo a noi stessi quanto agli altri, al mondo. Anche ribellarci alle congetture umane, a certe situazioni che tutti ci dicono «eh, ma è così». Forse, in un certo senso, siamo costretti a vivere per gli altri, perché abbiamo la possibilità di cambiare. Secondo me, Cristina, hai la forza per farlo. Non agire per cambiare qualcosa implica che stiamo accettando quella circostanza per com'è, sia essa una relazione, un lavoro, un'abitudine o un atteggiamento personale. Impariamo a essere più consapevoli e intenzionali, a riflettere su cosa vogliamo veramente e ad agire di conseguenza, piuttosto che restare fermi in un comodo ma insoddisfacente status quo.

La lettera di Moro mi ha invitata a interrogarmi sul potere del cambiamento e sul coraggio necessario per lasciare andare ciò che non ci serve più.

È stato un invito ad abbracciare ogni sfida come un'opportunità di crescita.

Il cambiamento, reagire, ribellarsi ai pregiudizi e determinare il proprio futuro è sempre stato un diktat per me.

Nei miei ruoli istituzionali quando mi capitava di imbattermi in situazioni di disuguaglianza sociale, di lentezze procedurali o amministrative, di lesioni dei diritti, ho sempre provato a cambiare le cose. Ciò che da soli non si può realizzare diviene possibile grazie alla rete di comitati e di associazioni.

Lo hanno dimostrato gli episodi che ho descritto nei

capitoli precedenti, che oggi rileggo con grande affetto e che mi servono da sprone per superare le prossime sfide.

Queste lettere sono per me una fonte di ispirazione continua: mi ricordano che, nel bene e nel male, non siamo mai veramente soli nelle nostre lotte. Ognuna delle persone che mi ha scritto, con le sue parole e la sua storia, mi ha dato forza e mi ha permesso di vedere la mia esperienza da nuove prospettive.

Terre des Hommes, OneDay e ScuolaZoo hanno realizzato un Osservatorio indifesa 2022-23 intervistando tremilaquattrocento ragazzi tra i quattordici e i ventisei anni. Il 47,7 percento è vittima di bullismo o cyberbullismo. Che la violenza possa passare da parole ai fatti non è difficile prevederlo. Ne sono conferma gli infiniti casi di femminicidio che sono stati preceduti da stalking nei confronti delle vittime.

Mentre leggevo queste prove di affetto e comprensione, ricevetti la e-mail più toccante: quella del presidente Ivano Zoppi della Fondazione Carolina Picchio, la ragazza che a soli quattordici anni si tolse la vita dopo la diffusione di un video che la riguardava. Dal suicidio di Carolina, nacque poi la prima legge europea antibullismo.

Cara Cristina,
Come Fondazione Carolina ci impegniamo ogni giorno sul campo per diffondere e garantire il benessere digitale delle nuove generazioni. Perché le parole, i giudizi, gli attacchi sul web fanno male, «cavolo se fanno male». Così scrisse Carolina Picchio, la quattor-

dicenne novarese che si tolse la vita nella notte a seguito delle migliaia di insulti ricevuti online a commento di un video in cui lei, priva di sensi, veniva ripresa mentre altri coetanei mimavano atti sessuali sul suo corpo.
Quella notte, tra il 4 e 5 gennaio 2013, l'Italia cominciò a capire che di cyberbullismo si può anche morire. «Il bullismo... Tutto qui? Ottimo lavoro! Le parole fanno più male delle botte. Spero che adesso siate tutti più sensibili sulle parole.» Un testamento lucido, quello di Caro, riconosciuta come prima vittima di violenza online. Grazie alla sua lettera è stato avviato il primo processo in Europa in materia di cyberbullismo, con accuse chiare e circoscritte rispetto ai reati associati alle condotte digitali. Una rivoluzione che diede luogo alla prima legge sul bullismo online, dedicata proprio a Carolina.
Altro che ragazzate! Tutti furono costretti ad aprire gli occhi su questo fenomeno, che oggi tocca da vicino tre ragazzi su quattro in tutta Italia. Fondazione Carolina, per volere del papà Paolo Picchio, è nata proprio per questo: affinché quegli stessi occhi, gli occhi dell'empatia, della consapevolezza e della solidarietà non si chiudessero più davanti alla sofferenza delle nostre ragazze e dei nostri ragazzi. Bambini e preadolescenti che hanno imparato a conoscere Caro, il suo messaggio e il suo sorriso e che, oggi più che mai, la portano nel cuore.
Perché Carolina, sembra un paradosso, amava la vita. Era piena di interessi, praticava sport a livelli agonistici, frequentava tante amiche ed era la gioia della

sua famiglia. Una stella luminosa, come quelle che amava osservare con il padre la notte di San Lorenzo. Una stella che si è spenta troppo presto, ma che illumina ogni giorno il cuore dei tanti educatori e professionisti che la Fondazione a lei dedicata mette a disposizione delle famiglie, delle scuole, degli oratori e di tutti i luoghi educativi frequentati dai nostri ragazzi.
Un impegno serio, ogni anno a servizio di centomila minori, ma che guarda con grande attenzione anche al mondo adulto.
Quando leggemmo della tua storia e di tutto quell'odio che si riversò nei tuoi confronti, tornammo di colpo a rivolgere a noi stessi la medesima domanda che ci sovvenne dopo la tragedia di Caro: «Cosa spinge le persone, a partire dal mondo adulto, a commentare, giudicare e offendere senza neppure conoscere fatti e circostanze?». Questo interrogativo, diventato nel tempo la nostra missione, vale anche per la tua storia, Cristina. Un parallelismo, seppur con tutti i distinguo del caso, che passa dalla «colpa» di essere bella, autonoma, leader innanzitutto di se stessa e, soprattutto, al centro della maldicenza e dell'invidia.
Un voyeurismo spicciolo e petulante che tanto racconta del vuoto emotivo che imperversa anche sui social. La realtà e che non c'è nulla di virtuale in un cuore che soffre. Perfino le nostre opinioni, quando non richieste e accessibili a tutti, possono alimentare odio e accanimento.
Da tutto questo emerge un grande bisogno di educazione e di rispetto, valori che non riusciamo ancora a declinare sul piano digitale. Quell'eleganza nei rap-

porti umani che dovrebbe sottendere qualsiasi relazione, finanche un banale commento sui social, ma che invece spesso viene evocata sotto forma di invito a soprassedere, a passare oltre, a girarsi dall'altra parte.
Questa coercizione nei confronti delle vittime di odio online racconta il diffuso malcostume di nascondere la polvere sotto il tappetino del mouse, piuttosto che affrontare le sfide e le conseguenze di una battaglia di civiltà. Quella stessa battaglia che accomuna la tua vicenda con quella della nostra amata Caro, che tu stessa hai avuto modo di ricordare pubblicamente.
Per questo, a nome di Fondazione Carolina, ti ringrazio.
Sarebbe stato facile per una persona, una donna come te, uscire dai social, far finta di nulla e concentrarti sui tuoi progetti senza distrazioni, senza doverti giustificare o difendere le tue scelte. Il tuo coraggio e il tuo impegno sono alleati fondamentali per chi, come noi, si spende ogni giorno per dare luce alla bellezza delle parole. Quelle che abitano in ciascuno di noi, ma che fanno fatica a emergere da tutte quelle sovrastrutture, dai malcostumi e dai condizionamenti che ci impone la cultura dei like. Una società in cui tutti siamo costantemente collegati, ma solo di rado connessi con gli altri e con le nostre emozioni.
Ivano Zoppi
Segretario Generale
Fondazione Carolina

Questa testimonianza mi ha fatto pensare che la richiesta di archiviazione delle mie denunce sottoscritte nei confronti dei leoni da tastiera fosse totalmente anacronistica da parte della magistratura.

Siamo in un'epoca di iperconnessione, viviamo in un modo dove mai erano esistiti così tanti strumenti di comunicazione, eppure mai come oggi erigiamo muri mentali e fisici.

La parola ha un grande potere, che sia virtuale o meno. Non è un contenitore del nostro pensiero, è il nostro pensiero. E i pensieri si trasformano in azioni. Quali parole vogliamo consegnare ai secoli futuri? Avere cura delle parole significa avere cura del nostro pensiero. Le parole siamo noi.

Grazie ai messaggi incoraggianti e all'aiuto dei miei legali, l'avvocato Claudio Strata e l'avvocato Andrea De Pasquale, mi sono opposta alla richiesta di archiviazione delle mie denunce contro i leoni da tastiera, che avrebbe impedito non solo di identificarli ma anche eventualmente di processarli.

Scrive la giudice Minutella: «I commenti stigmatizzano la parte lesa (io) in funzione del suo genere e appaiono marcatamente discriminatori. Non sono espressione di un giudizio meramente critico, ma appaiono basati su stereotipi, animati in via esclusiva da finalità offensive».

Quindi la richiesta di archiviazione è stata respinta e le indagini contro i miei persecutori virtuali (se così vogliamo chiamarli) possono continuare. Sono davvero orgogliosa della mia perseveranza e grata a chi mi ha sostenuto.

La tenacia e la capacità di rinnovarsi dopo le difficoltà mettono in evidenza la nostra attitudine all'antifragilità: regalano miglioramento, crescita personale e maggiore sicurezza in se stessi.

Molti scrittori parlano della forza di rialzarsi e della rinascita. Scriveva Rainer Maria Rilke: «La creatività è vivere la vita in modo nuovo, trovare la bellezza anche nelle difficoltà».

E io la bellezza l'ho trovata anche in questa situazione e grazie a questo ho recuperato rapidamente. Ogni ostacolo diventa, per chi non si arrende, un'opportunità di crescita e apprendimento. Le esperienze più provanti possono portare a una nuova prospettiva. «Bisogna avere un caos dentro di sé per generare una stella danzante» scriveva Friedrich Nietzsche.

Ho scoperto di avere una grandissima famiglia di amici, di vecchia data e anche acquisiti proprio grazie a questa disavventura, che sono serviti da scudo e baluardo contro gli invisibili ma molesti nemici della rete.

Una piacevole sorpresa è stata così quella di trovare comprensione, meglio dire sincero affetto, anche da parte delle persone con cui avevo lavorato anni prima nelle periferie di Torino. I cittadini per i quali mi ero impegnata allora adesso mi restituivano tanto, con la generosità di chi ha sofferto e quindi sa dare e capire. Ancora oggi li ringrazio per avermi sostenuta con messaggi, telefonate e dimostrazioni di affetto.

A tutti coloro che mi hanno scritto raccontandomi di essersi chiusi in se stessi perché erano stati oggetto di violazione della privacy ho consigliato di uscire, di contattare amici, di non permettere a nessuno di giudicarli, in quanto nessuno può conoscere la «nostra» verità. I giudizi non richiesti, né giustificati da un'intima conoscenza, non possono essere in alcun modo presi in considerazione.

E poi l'ottimismo: la fiducia nel futuro può fornire la motivazione necessaria per continuare a camminare verso la luce.

La continua conquista della libertà

Ciò che non mi uccide mi rende più forte.

FRIEDRICH NIETZSCHE

Scrivendo queste pagine mi sono resa conto che tutta la mia vita è stata, finora, una battaglia per conquistare la libertà.

Non è stato semplice né scontato, ma un percorso composto di piccole e grandi tappe che, messe insieme, mi hanno concesso uno spazio di autonomia, un luogo dove essere davvero me stessa.

Ricordo bene i momenti in cui ho sentito il peso delle aspettative degli altri – della famiglia, della società, e persino delle mie stesse insicurezze – che mi costringevano a fermarmi, a dubitare, ma ogni volta che ho scelto di andare oltre, anche di poco, ho sentito crescere la mia capacità di autodeterminazione e, con essa, una nuova forza.

I primi successi sembravano impercettibili: una libertà da misurare in minuti... come quando riuscivo a ottenere un'ora in più per uscire la sera.

Forse sembrerà una sciocchezza, un capriccio, ma per me significava molto. Era un segnale di fiducia da parte della mia famiglia, la possibilità di allargare i miei confini. Ogni volta che mi guadagnavo un piccolo spazio di libertà, mi sentivo come se stessi definendo meglio chi ero e chi volevo diventare.

Più tardi, la vera sfida alla mia autonomia è arrivata con le scelte che andavano oltre le libertà quotidiane. Scegliere il corso di studi o la professione seguendo i miei reali interessi e non per compiacere la famiglia, come abbiamo visto, è stato determinante.

Mi sono chiesta spesso se questa battaglia fosse indispensabile: ogni conquista di libertà generava sensi di colpa, richiedeva sacrificio, costanza, e un ardire che a volte vacillava di fronte alle difficoltà. Ma alla fine di ogni lotta uscivo rinforzata e mi avvicinavo a quella parte di me che non si lascia definire dagli altri, che vive per se stessa, senza paura di essere giudicata.

È in questi momenti che la libertà è diventata, per me, qualcosa di più di un ideale astratto: è diventata il fondamento della mia identità.

La questione della libertà ha preso una piega ancora più complessa quando ho iniziato a pensare al significato di una relazione stabile. Me la sentivo di costruire una famiglia? Viviamo in un'epoca in cui molte donne scelgono percorsi alternativi rispetto alle generazioni precedenti, eppure le aspettative sociali ancora ci spingono verso modelli forse superati, ma ancora presenti.

Da un lato, desideravo una relazione fondata sull'amore e sul rispetto reciproco; dall'altro, sentivo la necessità di mantenere la mia individualità, senza rinunciare ai miei progetti, alle mie ambizioni, alla mia crescita personale.

Per anni ho osservato coppie di amici e conoscenti che apparentemente avevano trovato un equilibrio perfetto, ma poi… capitolavano.

C'erano coppie in cui uno dei due partner finiva per annullarsi completamente in favore dell'altro, e in cui la libertà era sacrificata sull'altare della stabilità, delle convenzioni sociali. Altre coppie, invece, sembravano vivere come due solitudini parallele, incapaci di trovare un punto d'incontro.

Mi sono chiesta molte volte quale fosse il modo giusto di porsi in una relazione, ma non ho mai trovato una risposta univoca. Ho capito che, per me, l'unica strada possibile era quella della sincerità, del dialogo continuo, e del rispetto dei miei spazi e dei miei bisogni, oltre che di quelli del mio partner.

Anche l'idea di formare una famiglia ha portato con sé una nuova riflessione sulla libertà. La famiglia è spesso considerata un ambiente protetto, un luogo sicuro dove rifugiarsi nei momenti bui. Eppure, allo stesso tempo, comporta una serie di responsabilità, di compromessi, di impegni che rischiano di ridurre lo spazio personale.

Ogni famiglia ha le sue regole non scritte, le sue dinamiche, i suoi contrappesi. Nella nostra cultura, il peso di questi equilibri spesso grava sulle spalle delle donne, viste come il cuore pulsante dell'organizzazione e del benessere di tutti i membri.

Questo ruolo, che per alcune è fonte di grande soddisfazione, può trasformarsi per altre in una gabbia, in cui la libertà si riduce a un ideale difficile da raggiungere.

Essere una donna, oggi, significa confrontarsi con una doppia aspettativa: da un lato, c'è la necessità di affermarsi professionalmente, di essere indipendenti e realizzate; dall'altro, c'è la pressione di essere compagne, madri, figlie attente e presenti. Per molto tempo ho cercato di accontentare entrambe queste richieste, ma ho finito per sentirmi schiacciata. Ho capito che la mia libertà non poteva consistere nel soddisfare tutte le aspettative, ma nel trovare una mia armonia, che rispettasse i miei limiti e i miei bisogni.

Se ora dovessi definire il significato di essere libera, direi che è una continua negoziazione. È la capacità di dire «no» senza sentirsi in colpa, di scegliere in base ai propri valori e ai propri desideri, senza assecondare altri. È anche il coraggio di accettare che la libertà comporta, a volte, l'incomprensione di chi scontentiamo, e che spesso richiede di affrontare anche le proprie paure più profonde.

Ogni volta che dico «no» a qualcosa che non mi rappresenta, ogni volta che stabilisco di seguire un percorso insolito o rischioso, sto scegliendo di essere libera, sto scegliendo di essere autentica, ma senza rinunciare, come molti credono, all'affetto o al senso di appartenenza. Anzi, credo che solo rispettando la propria individualità si possa costruire una relazione sana e profonda. La mia esperienza mi ha insegnato che la libertà non è un lusso, ma una necessità. È il presupposto per essere davvero se stessi e, di conseguenza, per amare in modo sincero e duraturo.

La mia lotta mi ha resa una persona più consapevole, più sicura di sé, più capace di vivere in accordo con le mie scelte. La libertà, per me, è diventata una compagna di viaggio, una guida interiore che mi aiuta a orientarmi nelle decisioni quotidiane e nei grandi cambiamenti.

E se c'è una cosa che mi rende più serena è sapere che ho il diritto di scegliere. Di scegliere cosa voglio essere, cosa voglio fare, e con chi voglio condividere la mia vita. La libertà non è altro che questo: un percorso personale fatto di conquiste progressive, di lotte silenziose e di piccoli gesti di coraggio. E so che, qualunque sia la strada che deciderò di percorrere in futuro, lo farò con la consapevolezza di essere libera, e di averne il diritto.

Viviamo troppo spesso nel desiderio costante di ciò che verrà o nel rimpianto di ciò che è stato, come fossimo sospesi in un eterno presente che, tuttavia, ci sfugge. Quante volte ci soffermiamo a riflettere su cosa stavamo pensando nei momenti che hanno segnato la nostra esistenza? Quali illusioni accompagnavano il nostro primo incontro con l'amore, con la sua bellezza e la sua fragilità?

Su cosa riflettevo un attimo prima di discutere la tesi di laurea, sentendomi sull'orlo di un cambiamento definitivo? O ancora, cosa mi passava per la mente durante il primo giorno di lavoro, mentre mi avventuravo in un mondo nuovo e mettevo le basi per la mia futura carriera?

A cosa pensavo nei sei minuti in cui il mio compagno di allora leggeva quella lettera, una lettera che avrebbe cambiato per sempre le nostre vite?

Completare questa stesura mi ha aiutata a comprendere che ogni momento della nostra esistenza è abitato da pensieri, sensazioni e riflessioni che emergono solo se siamo disposti ad ascoltarli. In qualche modo, mi sono trovata a scandagliare il passato alla ricerca di momenti preziosi, di frammenti di vita vissuta che, se riletti con la lente dell'introspezione, assumono significati diversi e profondi. È stato come ripercorrere i ricordi con occhi nuovi, scoprendo aspetti di me stessa che forse avevo dimenticato o non avevo mai veramente compreso.

Molti mi hanno chiesto come io sia riuscita a mantenere i nervi saldi, a restare dignitosa, come abbia affrontato uno tsunami mediatico senza perdere la mia serenità.

In effetti, sorprendentemente, non mi sono mai sentita disperata.

Mi arrivavano lettere di conforto, di sostegno, eppure non provavo quell'angoscia che gli altri sembravano attribuirmi. Mi sono chiesta spesso il perché di questa calma, perché non mi sentissi sopraffatta, perché non provassi rancore verso chi mi giudicava senza conoscermi.

Schopenhauer descrive la vita come un pendolo che oscilla tra il dolore e la noia, ma per me questa situazione di crisi non è stata né l'uno né l'altro. Al contrario, è stata un'opportunità per approfondire la conoscenza di me stessa, per radicare ulteriormente il mio senso di identità. Mi sono resa conto che ogni evento della mia vita, per quanto piccolo, mi aveva preparata ad affrontare tutto questo. Ero stata addestrata ad accogliere le difficoltà, a sviluppare una forza interiore che è diventata il mio punto di ancoraggio.

Riflettendo, ho compreso che la serenità che ho provato derivava dalla mia esperienza, dalle lezioni apprese attraverso il dolore e la gioia, dalle sfide che mi hanno aiutato a crescere, dai tanti errori commessi mentre agivo e andavo avanti. Questa solidità mi ha permesso di far fronte all'ondata di critiche e giudizi con distacco, senza lasciarmi influenzare dalle opinioni altrui.

Ho capito che la mia identità non dipendeva dalle parole degli altri, ma da ciò che avevo costruito dentro di me e dai miei sogni, dai miei desideri, dai miei affetti. Stilo un continuo bilancio su ciò che ho superato e che mi rafforza e la gioia e le emozioni di nuove sfide e conoscenze. Guardandomi dentro trovo sempre quella luce interiore che mi ricorda quanto sia prezioso il tempo che abbiamo e che per nessuna ragione dobbiamo sprecare, nella continua ricerca del nostro benessere.

Questa consapevolezza mi ha spinta a condividere un messaggio con chi mi ha scritto. Il mio consiglio è di vivere ogni momento con intensità, di non abbandonare mai i propri sogni, poiché essi rappresentano la nostra ancora nelle tempeste dell'esistenza.

Bisogna sognarsi, prima di essere, mi sono imposta.

La vita, ho compreso, è un mosaico di esperienze, di incontri, di relazioni, come magistralmente illustrato da Hermann Hesse in *Siddharta*: un viaggio alla scoperta di sé.

La mia essenza è caratterizzata da un'aspirazione alla libertà, ma anche da un bisogno profondo di appartenenza e di connessione con gli altri. Questo desiderio mi ha spinto a investire nella costruzione di reti sociali, a promuovere l'idea di una comunità solidale e inclusiva, capace di rispondere alle necessità di tutti i suoi membri.

La mia visione è quella di una città aperta, accogliente, una città che possa attrarre non solo per le opportunità economiche che offre, ma per i valori di solidarietà, democrazia e rispetto che promuove. È questo anelito verso un progetto più grande che mi ha permesso di superare le difficoltà, di rimanere salda nelle mie convinzioni.

In fin dei conti, siamo alla continua ricerca di amore e di accettazione, di stabilità e di pace interiore. È un percorso di crescita che non conosce soste, una costante lotta per definire chi siamo, al di là delle apparenze e delle etichette che la società ci impone.

Grazie alla stesura di questo libro ho viaggiato dentro di me. La scrittura mi ha connessa con la mia coscienza, e ho finalmente sentito quella voce nascosta che spesso viene soffocata dal rumore del mondo esterno.

Caro lettore, cara lettrice, spero che tu possa trovare ispirazione nel mio racconto e il coraggio di affrontare le tue sfide.

Giungere al termine di questo viaggio è come chiudere un cerchio di incontri, storie e sguardi condivisi. La mia testimonianza è nata per essere un abbraccio, un messaggio di vicinanza per le tante persone che mi hanno scritto, raccontandomi le loro esperienze più intime, talvolta sofferte, talvolta piene di speranza. Quando ho iniziato a ricevere le lettere, non immaginavo l'impatto che le frasi in esse contenute avrebbero avuto su di me; sono stata spettatrice, a volte confidente, ma sempre grata per la fiducia che mi è stata accordata. E così, pagina dopo pagina, ho cercato di restituire questa vicinanza, condividendo la mia esperienza, il mio viaggio, le mie fragilità.

Raccontare la mia storia è stato come comporre un mosaico fatto di solitudini che si uniscono, che trovano casa in un gesto di solidarietà, in una parola d'incoraggiamento. Mi sono resa conto di come, al di là di ciò che ci separa, abbiamo tutti bisogno di quel calore che solo l'empatia può offrire. Nella nostra parte più morbida, quella delle emozioni e dei sentimenti, noi umani siamo incredibilmente simili. È forse per questo che la mia odissea mediatica ha trovato ascolto anche in luoghi così lontani, raggiungendo persone che, fino a qualche tempo fa, non avrei mai immaginato di incontrare, nemmeno virtualmente.

L'universalità delle emozioni abbatte qualsiasi confine geografico, portandoci verso una dimensione che appartiene a ciascuno di noi.

Ciò che ci emoziona, sia gioia, dolore, nostalgia o speranza, è qualcosa di totalizzante, ed è questo legame invisibile a rendere così potente la comunicazione tra esseri umani. Ogni volta che ricevo un messaggio, una lettera o un semplice pensiero, mi chiedo quale parte di quella persona sia stata toccata dalle mie parole. Quale ricordo del passato sia stato risvegliato, quale sentimento sopito sia emerso leggendo una frase.

Ed è questo, credo, il vero potere dell'arte: la capacità di scavare nell'anima primordiale e riportare alla luce ciò che credevamo dimenticato.

Penso spesso a quel video. Credo sia stato visto come un piccolo film capace di raccontare un «sentire» collettivo, pur nella sua semplicità. Nessuno, a parte i presenti, poteva sapere chi fossero i protagonisti o conoscere davvero le loro vite, eppure quel momento ha scatenato una varietà di reazioni intense. Nei commenti che ho ricevuto, ho potuto osservare un caleidoscopio di turbamenti: dalla comprensione all'incredulità, dall'empatia alla frustrazione, e persino una certa durezza che spesso maschera ferite profonde. È stato come cogliere il sentimento di tante persone diverse, ciascuna con il proprio vissuto, le proprie esperienze, i propri dolori e le proprie speranze. Esiste forse una comprensione condivisa anche tra persone differenti, una sensibilità che travalica le barriere culturali e sociali. È stato un segnale di speranza, che mi ha fatto credere che in molte parti del mondo sia ancora possibile aspirare a una vera uguaglianza, non solo tra uomo e donna, ma nel senso più ampio del rispetto delle diversità. Ho trovato in questi messaggi un conforto e una motivazione per continuare a credere che, nonostante tutto, l'umanità è ancora capace di ascolto e di apertura.

Ed è qui che il dialogo diventa fondamentale.

Credo profondamente nel potere del dialogo e dell'ascolto. Senza queste due componenti, qualsiasi relazione, sia essa tra coniugi, amici, in famiglia o persino tra popoli, non può che soffrire e rischiare di implodere. L'assenza di comunicazione alimenta il rancore e le incomprensioni, fino a portare talvolta a gesti estremi. La violenza, in molte forme, è figlia del silenzio e della chiusura. Ma il dialogo, quando è autentico, aperto e rispettoso, è un balsamo, una via di guarigione che permette di comprendere l'altro e di creare legami più forti.

Come ho raccontato, ho sperimentato il valore della comunicazione anche nella vita pubblica. Comunicare apertamente, nel mio ruolo di mediatore, ha spesso fatto la differenza nei conflitti tra cittadini, permettendo di individuare responsabilità e concertare soluzioni. Le parole, quando sono sincere e pronunciate con empatia, aprono strade inaspettate, annullando gli scontri e le incomprensioni.

L'importanza del parlarsi è ancora più necessaria all'interno di una famiglia, di una coppia, e soprattutto nella relazione con i giovani.

Nelle scuole, per esempio, raramente c'è tempo per il confronto; troppo spesso i ragazzi assistono passivamente, accettando gli insegnamenti senza avere lo spazio per argomentare, per domandare, per mettere in discussione. I tempi dei programmi scolastici sono serrati, e questo lascia poco spazio alla riflessione e al dibattito. Mi chiedo se non sia più formativo dare loro la possibilità di esplorare, di confrontarsi, di imparare a chiedersi il perché delle cose, di dialogare con i coetanei, con gli insegnanti, e con chi ha esperienze diverse. Se oggi non apprendono il valore del confronto e dell'accettazione delle opinioni altrui, che grado di tolleranza e comprensione potranno avere domani?

Il dialogo aperto e onesto, specialmente con i giovani, promuove fiducia reciproca e li fa sentire ascoltati e rispettati. Non si tratta solo di trasmettere informazioni, ma di costruire relazioni, di farli sentire parte di una comunità che li accoglie e li sostiene. Nel 2018, lavorando nei quartieri periferici di Torino, ho avuto la fortuna di conoscere tanti giovani talenti. Le periferie, non solo a Torino, ma in molte città italiane, sono luoghi dal potenziale straordinario, spesso inespresso a causa delle barriere sociali, economiche e culturali. Ho sentito forte il bisogno di contrastare questa tendenza, di dare a questi giovani una possibilità, di mostrare loro che il futuro non è limitato al luogo in cui sono nati.

Con il sostegno di Poliferie, un'associazione di giovani universitari volontari, abbiamo avviato un progetto di collaborazione con il Comune di Torino per invitare gli studenti degli istituti tecnici della città, in particolare quelli nelle zone periferiche, a non abbandonare gli studi e a evitare di diventare *Neet* (*giovani che non studiano e non lavorano). Volevamo dimostrare loro che le opportunità dopo il conseguimento del diploma sono alla portata di tutti, indipendentemente dal contesto sociale di provenienza.

Il progetto ha preso la forma di un ciclo di cinque incontri interattivi, durante i quali gli studenti potevano esplorare il mondo del lavoro, l'orientamento post-diploma, l'importanza delle nuove tecnologie e delle competenze trasversali. Abbiamo invitato relatori di rilievo, come rappresentanti dell'industria locale, e abbiamo creato un ambiente in cui gli studenti si sentissero liberi di chiedere, esprimere dubbi e preoccupazioni.

Il progetto pilota è stato realizzato all'Istituto Grassi di Torino, e ha avuto un grande successo. Gli studenti si sono mostrati entusiasti, coinvolti e, soprattutto, curiosi. Avevano l'opportunità di vedere un futuro che andava oltre i confini del loro quartiere, di immaginare prospettive forse mai considerate. Alcuni di loro, che all'inizio sembravano distanti e diffidenti, hanno cominciato a fare domande, a interagire con i relatori e a raccontare le loro aspirazioni, le loro difficoltà e i loro sogni. È stato un momento emozionante: l'interesse era visibile nei loro occhi, dove brillava la luce di chi finalmente intravede una possibilità.

Il successo del progetto ha permesso di replicarlo l'anno successivo, e alcuni studenti dell'Istituto Grassi hanno persino proseguito nel loro percorso universitario seguiti dai volontari di Poliferie. Quei giovani che in altre circostanze avrebbero forse abbandonato gli studi ora vedevano un futuro concreto davanti a loro. E sono stati proprio il dialogo, il confronto, la possibilità di esprimersi liberamente, a fare la differenza.

La comunicazione aperta può insomma svoltare le vite, aprendo strade che sembravano chiuse. Questo non vale solo per i giovani: è una lezione per tutti noi, adulti, cittadini, comunità. Viviamo in un mondo in cui le divisioni sembrano aumentare ogni giorno, in cui le incomprensioni si moltiplicano e in cui, troppo spesso, preferiamo alzare muri piuttosto che costruire ponti. E questo, in fondo, è il messaggio che vorrei lasciare con questo libro: il potere delle storie, delle parole, dell'ascolto.

Mi piace pensare che, se riusciamo a trasmettere

questo valore ai giovani, se riusciamo a farli innamorare del dialogo, dell'ascolto e del rispetto, stiamo piantando semi per un futuro migliore, per una società in cui le differenze non siano motivo di conflitto, ma una risorsa, un'occasione di crescita reciproca.

E allora, tirando le somme, mi sento grata per le storie che ho potuto ascoltare, per le persone che ho incontrato lungo il cammino e per tutto quello che ho imparato da loro.

Mi auguro che questo dialogo con voi, lettori, possa continuare. Vorrei che ciascuno di voi si sentisse coinvolto, toccato, magari ispirato a guardare con occhi nuovi chi vi è accanto, ad ascoltare una voce che prima trascuravate, a tendere una mano che non pensavate di poter stringere.

Se anche un solo lettore deciderà di aprirsi all'altro, di ascoltare, di condividere un pezzo della propria storia, allora avrò raggiunto il mio scopo.

Viviamo in un'epoca intrisa di sarcasmo e distacco, alimentati entrambi dalla potenza della rete, che fa sentire tutti al di sopra delle conseguenze delle relazioni che instaurano. Ma nessuno, credo, desidera stringere amicizie e rapporti umani dominati da caos, tensioni, sopraffazioni e violenza.

Cito una frase di Massimo Gramellini, mio concittadino e forse a me anche un po' caro per questo: «Se vuoi fare un passo in avanti devi perdere l'equilibrio per un attimo». Credo che il mio perdere l'equilibrio per un attimo mi sia servito: auguro a tutti di «perdere ogni tanto l'equilibrio» per verificare se la nostra vita, e i nostri compagni di vita, siano nelle corde giuste.

Le crisi sono seconde nascite.

Con la persistenza della memoria, con l'insistenza della volontà, con la resistenza scritta nel dna, provo ad andare avanti, perché so di non essere sola.

Riflessioni

Il disordine che questa vicenda aveva portato nella mia vita non aveva però scalfito la voglia di vivere che avevo dentro.

Ricevevo tanti messaggi di conforto da parte di chi mi credeva distrutta e affranta.

Molti mi chiedevano «come stai» con atteggiamento preoccupato, ma io stavo bene e questo sentimento mi traeva in confusione.

Altri mi manifestavano la loro vicinanza, molto apprezzata e occasione per me di connettermi con centinaia di persone.

Ero amareggiata, questo sì, ma persa mai.

Decisi comunque, dopo quell'estate, di rivolgermi al professor Walter Comello, psicoterapeuta, che mi aveva assistito nel difficile momento della separazione dal mio ex marito nel 2008.

Il professor Comello era rimasto per me un riferimento importante e in alcune circostanze tornavo a interpellarlo per fare chiarezza dentro e fuori di me.

Tramite le mie confidenze lui conosceva ogni dettaglio della mia vita. Era uno specchio in cui riflettermi in quanto ciò che diceva sembrava derivare dalla parte più profonda di me.

Talvolta questo specchio appariva maligno perché le sue parole, anche se mai giudicanti, mi dicevano ciò che era giusto che io sentissi pur non risultandomi spontaneo.

Nel suo studio di Torino, sotto i portici di via Po, una specie di museo ricolmo degli oggetti provenienti dai suoi viaggi, incontro i suoi consueti occhi attenti e il suo sorriso accogliente.

Il professore mi lascia dire e narrare come se non sapesse nulla e poi interviene affermando che è giunto il tempo di mettere in ordine alcune cose e completare alcuni passaggi, evidentemente per me importanti.

Gli incontri che sono seguiti mi hanno portata a comprendere alcuni concetti forse difficili da accettare per cultura, educazione ricevuta e per i modelli che ne sono derivati, ma indiscutibilmente e maledettamente veri.

Quando in una coppia inizia un processo critico, si tende a colpevolizzare se stessi e il partner per ciò che non si riesce più a essere o a fare.

Mi rendo conto di riuscire a leggere in modo chiaro e comprensibile tutta la mia vita relazionale al di là di colpe e responsabilità, mie o altrui.

Il professore mi corregge, dicendo che le responsabilità rendono le persone migliori, le colpe no.

In noi vive un giudice interno, Freud lo chiamerebbe Super Io, che ci osserva e inesorabilmente giudica ogni nostra azione. La colpa ci àncora al passato, ci limita e appesantisce il nostro cammino. La colpa, diversamente dalla responsabilità, prevede quale conseguenza la sanzione, e questa è il dolore, l'infelicità, a volte la patologia. Non dobbiamo avere colpe, ma perseguire le responsabilità.

Ognuno nella vita fa come *può* e *sa* fare. Veniamo educati a credere che volere sia potere, ma volere non è potere, sapere è potere. Dobbiamo cercare strumenti di sapere per diventare capaci e poter fare ciò che fino a quel momento non siamo stati in grado di fare. Da quel momento potrà intervenire il volere, solo dopo che il sapere avrà determinato il potere.

Quanto mi ritrovo in tutto questo e quanto mi permette di vedere con occhi nuovi gli altri, con le loro dinamiche, parole e azioni! Il giudizio verso me stessa e verso gli altri si affievolisce e poi svanisce per lasciare posto a una nuova pace interiore.

Nelle sedute successive, il professore mi ha insegnato a comprendere come, da quel tragico giorno della scomparsa di mia sorella, io, i miei genitori e tutte le persone coinvolte nel lutto inconsapevolmente abbiamo sviluppato delle modalità di adattamento e sopravvivenza affettiva. Come i miei genitori non sono più stati capaci di abbracciarmi, così io ho imparato a farne a meno. Nei confronti dell'affettività e delle mie emozioni in genere, ho sviluppato una diversa sensibilità e l'attitudine a tenere fuori di me, almeno in parte, il dolore.

Riconosco in questo atteggiamento difensivo/protettivo, o distaccato, la mia capacità di affrontare e superare certi momenti duri.

Sono diventata «antifragile». La definizione di questo termine, coniato dal matematico e filosofo Nassim Nicholas Taleb, è «l'attitudine di alcuni sistemi di modificarsi e migliorare a fronte di sollecitazioni, fattori di stress, volatilità, disordine».

Da qui il desiderio di scrivere e il titolo di questo libro: la storia di una ragazza e poi di una donna che ha trovato il modo, prima, di sopravvivere al dolore, al senso di vuoto e alla solitudine, poi, di scoprire in sé le risorse per cambiare e migliorarsi in tutte le cose che ha fatto.

Quando si attraversano momenti difficili, bisogna avere il coraggio, perché a volte di questo si tratta, di chiedere aiuto. È necessario avere la consapevolezza che si progredisce proprio in ragione delle responsabilità che ci si sa assumere, mettendo da parte ogni alibi del proprio malessere.

Il professor Comello mi ripeteva spesso che, da quel momento in poi, *stare bene* doveva essere molto più importante delle buone ragioni che mi avevano portata a *stare male*.

Tutti troviamo delle scuse per *non* fare, per continuare a restare dove siamo e per maledire il buio o chi nella nostra vita non ci ha amato come noi avremmo voluto.

Tutti potremmo esibire alibi per crogiolarci nella nostra tristezza, nella nostra ansia, nella nostra depressione o nella nostra nevrosi.

Spesso queste condizioni di malessere o patologie ci sono compagne, riempiono un vuoto, sono funzionali al *non fare* o ancor peggio al *non essere*, oppure rappresentano la sanzione delle nostre presunte colpe.

Solo la volontà di rinunciare a ciò che ci ha fatto ammalare, come diceva Ippocrate, può essere il presupposto del nostro cambiamento. Non servono lunghe terapie, ma la conoscenza e gli strumenti cognitivi giusti al momento giusto.

All'inizio chiesi al professore quali sarebbero stati quegli strumenti e lui mi rispose *le parole*.

Mi spiegò che noi siamo il prodotto delle parole, di quelle che qualcuno ci ha detto o non detto, di quelle che abbiamo pronunciato o nascosto e di quelle che usiamo con frequenza nel nostro linguaggio. Dobbiamo sostituire parole disfunzionali con parole che seminano in noi un diverso modo di pensare. Abbiamo bisogno di un nuovo modo di pensare che ponga rimedio ai problemi creati da un precedente atteggiamento.

Ogni volta che incontravo il professore, le sue parole erano come un raggio di sole che apriva un varco tra le nuvole del mio temporale: il cuore e la mente si facevano leggeri nell'intravedere un cielo azzurro. Imparai che il passato è passato e non esiste più, e rimuginarci sopra poteva essere utile come introspezione, ma non risolutivo per i miei problemi.

Dovevo lasciar stare la Cristina che non c'era più e lavorare su quella di oggi, in grado di seminare e coltivare, da quel momento in poi, gli eventi che la riguardano.

Abbiamo una responsabilità verso la nostra vita che si realizza nell'imparare a essere, non a fare, perché il fare è solo la conseguenza dell'essere. Una vita che va in una direzione senza porsi obiettivi va percorsa annusando l'aria e sentendola sui pori della pelle, per orientare i nostri passi. Un po' per volta, per necessità, armati di risorse e strumenti di sapere, si diventa antifragili.

Un giorno chiesi al professor Comello quale fosse il vero strumento, la formula magica per restare in una coppia. Come si può realizzare il desiderio più grande di ognuno di noi: il *per sempre*?

Lui sorrise, dicendo che non si può dare ad altri ciò che non si ha e che per essere generosi si deve essere ricchi di ciò che si vuole donare. Non si può dare felicità se non si è felici, non si può trasmettere gioia senza averla nel cuore, non si può dare sicurezza senza avere coraggio, non si può trasmettere serenità se prima non la si sa coltivare in noi.

Non si può essere buoni genitori se ancora si pensa di avere dei conti in sospeso con i propri, non si può essere dei buoni partner quando si è poveri di ciò che si vuole e si dovrebbe donare in una relazione.

Fatta questa premessa, la formula magica è un concetto apparentemente semplice, ma tutt'altro che scontato. Il concetto si chiama: *Noi*.

Le persone hanno l'abitudine di pensare di stare o di essere *con*, di fidanzarsi o sposarsi *con*, di essere un'identità che sta con un'altra identità e di misurare costantemente il proprio indice di felicità in ragione di quanto l'altro fa o non fa per renderci felici.

Il *Noi* è invece un'identità nuova, che integra entrambi e definisce nuovi confini esterni alla coppia. Ha una sua sacralità, ha i suoi rituali, il suo linguaggio, le sue peculiari modalità di essere in tanti piccoli esclusivi modi di essere *Noi*.

Un'eccessiva, a volte spasmodica ricerca di una propria identità, di un *Io* forte e autonomo, origina priorità che vanno a discapito di un progetto di coppia funzionale nel tempo.

Un amministratore che ha il senso del *Noi*, della sua comunità o dell'azienda che rappresenta, sarà coerente, onesto, e farà sempre la cosa migliore in cui si riconosce.

Così farà il soggetto nella coppia e al suo senso del *Noi* saprà essere fedele e presente nel tempo. La fiducia o la speranza che una relazione duri per sempre è la condizione necessaria all'amore. Non ci può essere amore senza il desiderio che duri per sempre, a prescindere dall'età dei partner. Quando ci si riconosce nel *Noi*, se ne difendono i confini e ci si prende cura di quell'identità.

È stato davvero un grande insegnamento.

Il professor Comello mi accompagna alla porta e nel salutarmi con uno sguardo affettuoso mi dice che, quando vorrò e ne avrò la necessità, saprò come trovarlo.

Esco dallo studio consapevole di aver lasciato lì ciò che non mi serve più di me. Porto con me le parole, gli occhi, il sorriso, la pacatezza di quell'incontro, percorro i portici di via Po, il cuore e la mente sono leggeri, sento un calore dentro di me che mi dà contemporaneamente tranquillità e forza. Una frase, ascoltata più volte durante quelle sedute, mi risuona nella mente: «Le parole sono semi e la mente è terra».

Così sono state per me le sue parole, così io desidero che possano esserlo le mie, raccolte in questo libro, per chi lo vorrà o ne sente il bisogno.

Dieci consigli per anime antifragili

Ho pensato di annotare alcuni consigli non richiesti a un animo libero di qualsiasi età, genere, provenienza sociale e geografica.

Questi consigli sono solo spunti di riflessione per chiunque si trovi ad affrontare le proprie battaglie interiori o le pressioni della vita.

❶
DIFENDI IL TUO SPAZIO INTERIORE

La libertà è un viaggio senza fine, non una destinazione. Ogni scelta e ogni esperienza sono i passi di questo percorso. Ci saranno alti e bassi, ma ognuno di questi momenti ti avvicina alla tua verità. La vera libertà non è un trofeo da esibire, ma un processo continuo di crescita e di scoperta di sé e non si conquista una volta per tutte: consiste in una serie di piccole scelte che, ogni giorno, definiscono chi siamo e chi vogliamo essere. Tieni stretta la tua autonomia e costruisci uno spazio che sia solo tuo, immune dalle aspettative degli altri. Anche un minuto di silenzio o una pausa possono ricordarti chi sei, lontano dalle pressioni esterne.

❷
SACRIFICATI PER ESSERE LIBER*

Ogni conquista di libertà costa fatica, e a volte significa prendere decisioni difficili. Potresti perdere l'approvazione di alcuni, ma la vera soddisfazione consiste nella consapevolezza che stai scegliendo ciò che è giusto per te, anche se comporta delle rinunce. La libertà è una scelta che devi difendere, spesso contro corrente.

❸
SOGNA LA PERSONA CHE VUOI DIVENTARE: BISOGNA SOGNARSI, PRIMA DI ESSERE

Sognare chi desideri diventare ti dà una direzione quando tutto intorno a te sembra incerto.

Coltivare questo sogno non è un'illusione, ma una bussola per navigare nelle tempeste, perché nel tuo sogno risiede la tua vera forza.

I sogni sono il cuore della tua identità. Non permettere a nessuno di sminuirli. Coltiva i tuoi sogni anche quando il mondo sembra non comprenderli; sono loro a guidarti verso la versione migliore di te stesso/a.

❹ ABBRACCIA LA COMPLESSITÀ DELLE RELAZIONI

Ogni relazione porta con sé aspettative, compromessi e opportunità. Impara a distinguere tra ciò che nutre il tuo spirito e ciò che lo limita. In una relazione autentica, la libertà di ciascuno è sacra, e il rispetto reciproco permette di crescere insieme senza sacrificare l'individualità.

❺ SII CORAGGIOSO/A NEL DIRE NO

Dire no è un atto di autoconoscenza e di rispetto per se stessi. Il no è una scelta che preserva la tua energia per le persone e le cose che contano veramente.

❻ NON TEMERE DI DELUDERE

Spesso ci viene insegnato a soddisfare le aspettative altrui, a essere il figlio, la figlia, il partner ideale. Ma vivere cercando di compiacere gli altri ci allontana da noi stessi. Ricorda che deludere è inevitabile; l'importante è essere sinceri e vivere secondo i tuoi valori.

❼ CREDI NELLA POTENZA DEL DIALOGO

Il dialogo permette di comprendere prima di essere compresi.

Lo scrittore israeliano Eshkol Nevo dice: «Solo pochi sanno ascoltare veramente. Molti si preparano già a una replica prima che tu abbia finito la prima frase, mentre è proprio alla fine, al termine della prima frase, che si dicono le cose veramente importanti». Dialogare ci aiuta anche a negoziare ciò che vogliamo ottenere, ricordandoci sempre che il primo dialogo che dobbiamo instaurare è con noi stessi: solo con l'esercizio di una costante autoanalisi possiamo rimanere fedeli alla nostra identità senza scendere a compromessi. Non è facile, ma provarci è fondamentale.

❽ CIRCONDATI DI CHI ALIMENTA LA TUA CRESCITA

Non tutte le relazioni sono fatte per durare, e non tutte le persone che ti accompagnano nel percorso sosterranno il tuo desiderio di autenticità. Circondati di chi ti rispetta e ti incoraggia a crescere senza tentare di cambiarti.

La compagnia giusta è quella che accoglie i tuoi sogni e rispetta i tuoi no.

9 ACCETTA I CAMBIAMENTI COME CRESCITA

Impara a lasciar correre, ad accettare che i cambiamenti nella vita possano anche rivelarsi opportunità di crescita. Abbraccia quei momenti di instabilità senza opporti a essi con rigidità, ma dimostrando di possedere una mentalità flessibile. Allenati ad affrontare le situazioni che non si possono cambiare con un approccio costruttivo e creativo, guardandole da più angolazioni per trovare quella che ti può offrire migliori chance.

10 COSTRUISCI LE TUE RETI DI SUPPORTO

Costruire rapporti e relazioni sincere e positive nel tempo è importante per una propria stabilità emotiva. I rapporti con familiari o amici possono fornire risorse e conforto e diventano preziosi perché nel dialogo si possono trovare prospettive diverse nei momenti difficili.

Finito di stampare nel mese di aprile 2025
per conto di RCS MediaGroup S.p.A.,
da Rotolito S.p.A., via Sondrio 3, Pioltello (Milano)
Printed in Italy